ANTON SZANDOR LAVEY

DIE SATANISCHE BIBEL

SECOND SIGHT BOOKS

Ebenfalls erhältlich bei
SECOND SIGHT BOOKS:

Anton Szandor LaVey
DIE SATANISCHEN RITUALE

Titel der amerikanischen Ausgabe:
«The Satanic Bible» © Anton Szandor LaVey 1969
Deutsche Übersetzung Ingrid Meyer

2. Auflage Dezember 1999
Deutsche Übersetzung:
© Verlag Second Sight Books I. Meyer,
Spandauer Damm 54, 14059 Berlin
Tel.: 030/3211173, Telefax: 030/3258757

Druck und Bindung: TRIGGER, Berlin
Titelbild: Soly Z. Szabó, Zürich
Illustrationen: Swen Stein, Berlin

ISBN 3-00-004343-8

VORWORT

zur deutschen Übersetzung der Satanic Bible

Endlich liegt die deutsche Übersetzung eines Meilensteins des modernen Satanismus vor, der Satanic Bible von Anton Szandor LaVey aus dem Jahre 1969 e.v. - vielleicht zwanzig Jahre zu spät.

Die Satanic Bible ist das Grundlagenwerk der in Amerika als Kirche anerkannten Church of Satan, die in der Walpurgisnacht 1966 e.v. aus einem von LaVey (1930 - 1997 e.v.) geleiteten Arbeitskreis für okkulte Studien hervorging. Groben Schätzungen zufolge hatte die Church of Satan zu ihren Glanzzeiten weltweit ca. 10.000 Mitglieder, darunter der Filmemacher und Autor Kenneth Anger («Hollywood Babylon»), Busenstar Jayne Mansfield, Sammy Davis jr., Mitglieder der Eagles (das «Hotel California» ist das Black House, das Hauptquartier der Church of Satan), King Diamond, Marilyn Manson und weitere Prominenz. Die Church of Satan bekam in den USA erheblichen Zulauf durch die Studentenbewegung und die kulturelle Gegenbewegung zum Bürgertum. 1972 kaufte der Schauspieler Martin Lammers eine der ältesten Kirchen der Niederlande und etablierte die Church of Satan mit Hilfe von LaVey`s Tochter Karla in Amsterdam, von wo sie sich über Europa ausbreitete. Auch weiterhin, über den Tod des Hohepriesters LaVey hinaus, existiert die Church of Satan in vielen Ländern der Welt, wenn sie auch *die* charismatische Führungspersön-lichkeit mit LaVey verloren hat. Die Lebensgefährtin LaVey`s, Blanche Barton, steht der Church zur Zeit als Hohepriesterin vor.

Da der Teufel nun einmal der Herr dieser Welt ist (einer der wenigen Punkte, in denen die christliche Bibel mit der satanischen übereinstimmt), ist diese in den annähernd drei Jahrzehnten seit Erscheinen der Satanic Bible nicht in paradiesischem Zustand erstarrt, sondern hat sich beständig weiterentwickelt und mit ihr die verschiedenen Spielarten der dunklen Okkultur. Es ist weder ratsam, in der Satanic Bible nach dem aktuellen Stand satanischer Philosophie zu suchen, noch innovative Rituale zu erwarten. Was in diesem Buch darauf lauert, (her-)ausgelesen zu werden, ist ein weitgehend von mittelalterlichem Brimborium befreites satanistisches Fundament, auf dem der individuelle Tempel errichtet werden kann, eine sichere Ausgangsbasis für eigene Überlegungen.

LaVey sah im Satanismus eine Religion, die den Menschen und seine natürlichen Bedürfnisse in den Mittelpunkt stellt, eine Religion der Stärke und der Lebenslust. Sein Satanismus ist eine Variante von vielen, bildet jedoch einen wichtigen Ausgangspunkt für zahlreiche weitergehende Entwicklungen und interessante Verknüpfungen. Ihm ist die Befreiung Satans aus den kirchlichen Definitionen gelungen. Satanismus ist nicht das genaue Gegenteil des Christentums, sondern eine eigenständige Philosophie, die ihre Ursprünge weit vor dem Erscheinen des Christentums hat. Heutiger Satanismus ist oft ein modernes, westliches Gegenstück zum linkshändigen Tantrismus. Wanderer auf dem rechten Pfad versuchen, ihre individuelle Identität in einem universellen Bewußtsein (Gott) aufzulösen, indem sie die Gebote einer externen Gottheit befolgen, sich dem Willen Gottes unterstellen.

Der Wanderer auf dem Pfad zur linken Hand will seine individuelle Identität und sein Bewußtsein immer weiter ausdehnen, um seine eigene Göttlichkeit zu erkennen, er existiert getrennt von einem «Schöpfergott». LaVey sah die größte Waffe des Satanisten in seiner Selbsterkenntnis, sowie seiner Kraft und seinem Mut, die dialektische Welt im Hier und jetzt zu durchdringen, anstatt in eine Utopie jenseits seiner Zeit zu fliehen oder sich in einen paradiesischen Himmelsgarten zu träumen. Wenn man ein Bild aus der Genesis bemühen will, hing der erste Schritt zur Selbsterkenntnis in Form eines Apfels am Baum der Erkenntnis. Satan forderte die Menschheit auf, den Apfel zu essen, dann würden die Menschen über ihren ignoranten, schlafenden Zustand hinauswachsen können und wie Gott sein, das heißt, selbstbestimmt denken und handeln. Dieses Wissen um den eigenen Willen trennt den erwachten Menschen von Gott und befreit ihn aus dem Dahindämmern in Gottes «Paradies», jedoch auch aus den Fängen der organisierten römisch-katholischen Gottesfurcht. 1994 schrieb Prof. Dr. Timothy Leary: «Die erste Aufgabe jedes «Law and Order» Systems ist es, das gefährliche Prinzip vom Selbst, von individuellen Zielen und Wissen über die eigene Persönlichkeit zu trivialisieren und zu dämonisieren. Für sich selber denken ist trivial, verrückt, häretisch, blasphemisch, verräterisch. Nur der Teufel und Satan tun es. Schöpferisches Denken, wenn man es zu sehr betont, wird zum Kapitalverbrechen.» LaVey: «Unsere Bibel sagt jedem Mann und jeder Frau, daß sie Götter und Göttinnen sind.»

Die vier Teile der Satanic Bible und die angefügte, sehr freie und nicht unumstrittene Interpretation der Henochischen Schlüssel bietet dem an der Praxis interessierten Leser einen Grundstein des rituellen Satanismus, auf dem er seinen individuellen Tempel errichten kann. LaVeys Sprache ist einfach und deutlich, er war kein intellektualisierender Verbalmagier, sondern ein amerikanischer Selfmade-Hohepriester, dem es darauf ankam, daß der Leser sich nach der Lektüre die Ärmel hochkrempelt, den Küchentisch zum Altar werden läßt und mit der Arbeit beginnt. Um dies zu erreichen, reduzierte LaVey die Informationen zur schwarzen Zeremonialmagie auf das Wesentlichste. Auf der anderen Seite erscheinen aus heutiger Sicht die «weltanschaulichen» Kapitel, zum Beispiel zur freien Sexualität, viel zu langweilig und mit Selbstverständlichkeiten überfrachtet. Hier möge sich der Leser in Erinnerung rufen, daß sich seit dem Erscheinungsjahr der Satanic Bible vieles, sehr vieles geändert hat in unserer Gesellschaft und viele Aussagen LaVey`s, die heute offene Ohren und Türen finden, 1969 noch an Mauern der Ablehnung und der Empörung schlugen. Das Zeitalter Satans manifestiert sich langsam, aber stetig.

Es bleibt anzumerken, daß LaVey in späteren Jahren einige Aussagen aus seiner Satanic Bible relativiert oder gar revidiert hat; er hat es sich gestattet, dazuzulernen. Dies ist der Unterschied zwischen der christlichen und der satanischen Bibel. Satan experimentiert, entwickelt sich, macht Fehler, lernt daraus. Dies ist Dir nicht unbekannt? LaVeys Satan ist der Mensch.

«Mit der Veränderung der Umwelt verändern sich auch die menschlichen Ideale! Jede angebliche 'Wahrheit', die sich als reine Erfindung herausstellt, soll ohne weitere Umstände in die äußerste Finsternis geschleudert werden, hin zu den toten Göttern, toten Weltreichen, toten Philosophien und all dem anderen bedeutungslosen Plunder!» (II.9 u. II.12, Buch des Satan).

Möge die dunkle Flamme in Deinem Herzen lodern!
Shemhamforash
Hail Satan!

Dortmund, 30. Tag des Launig, Beltane, 34 A.S. 1999 e.v.
ANHSH31dakm
Frater Eremor Phönix NVR .'. vira

Inhaltsverzeichnis

(ERDE)
- DAS BUCH BELIAL -

(WASSER)
- DAS BUCH LEVIATHAN -

EINFÜHRUNG

Burton H. Wolfe

(Autor von The Hippies, Hitler and the Nazis, The Devil and Dr. Noxin, Pileup on Death Row und The Devil`s Avenger: eine Biographie über Anton Szandor LaVey)

An einem Winterabend des Jahres 1967 fuhr ich durch San Francisco, um mir einen Vortrag von Anton Szandor LaVey anläßlich eines öffentlichen Treffens der Sexual Freedom League anzuhören. Ich war neugierig geworden durch Zeitungsartikel, die ihn als «den schwarzen Papst» einer satanischen Kirche beschrieben, in der Taufen, Hochzeiten und Begräbniszeremonien dem Teufel gewidmet wurden. Ich war freiberuflicher Journalist bei einer Zeitschrift und hatte das Gefühl, daß hinter LaVey und seinen Anhängern eine interessante Geschichte steckte; denn der Teufel ist immer einen Artikel wert, wie es im Redaktionsbüro hieß.

Es war nicht die Ausübung Schwarzer Künste, die ich für berichtenswert hielt, denn das ist nichts Neues auf dieser Welt. Lange vor den Christen gab es Voodoo-Kulte und Sekten, die den Teufel anbeteten. Im 18. Jahrhundert machte in England ein Hell-Fire Club, der über Benjamin Franklin Verbindungen zu den amerikanischen Kolonien hatte, kurz von sich reden. Anfang des 20. Jahrhunderts bezeichnete die Presse Aleister Crowley als «verruchtesten Menschen der Welt», und in den zwanziger und dreißiger Jahren dieses Jahrhunderts gab es Hinweise auf «Schwarze Orden» in Deutschland.

Dieser altbekannten Geschichte fügten LaVey und seine Organisation zeitgenössischer Faustianer zwei überraschende neue Kapitel hinzu. Erstens stellten sie sich blasphemisch als eine «Kirche» dar, ein Begriff, der bis dahin auf die Glaubensrichtungen des Christentums beschränkt war und der nicht für die traditionellen Satanskulte und Überlieferungen des Hexenwesens galt. Zweitens praktizierten sie ihre Schwarze Magie in aller Öffentlichkeit anstatt heimlich.

Normalerweise wäre es der erste Schritt bei meinen Recherchen gewesen, ein vorbereitendes Interview mit LaVey über seine ketzerischen Neuerungen zu vereinbaren, aber statt dessen beschloß ich, ihn unbemerkt im Publikum zu beobachten und anzuhören. Er wurde von einigen Zeitungen als ehemaliger Löwenbändiger im Zirkus und auf Rummelplätzen bezeichnet und als Schwindler, der sich jetzt als Vertreter des Teufels auf Erden ausgab. Ich wollte erst einmal feststellen, ob er ein wahrer Satanist, ein Angeber oder ein Quacksalber war. Menschen im Dunstkreis des okkulten Geschäfts hatte ich schon kennengelernt; so wohnte ich zum Beispiel zur Untermiete bei Jeane Dixon und hatte dadurch die Möglichkeit, noch vor Ruth Montgomery über sie zu schreiben. Aber ich hielt alle Okkultisten für Scharlatane, Heuchler und Quacksalber und hätte niemals mehr als fünf Minuten damit zugebracht, über ihren Hokuspokus zu berichten.

Alle Okkultisten, die ich bisher getroffen hatte oder von denen ich gelesen hatte, behaupteten, erleuchtet zu sein: Seher, Propheten und Hexen, die ihre angeblichen mystischen Kräfte durch die spirituelle Kommunikation mit einem Gott begründeten. LaVey schien sie auszulachen, wenn nicht sogar vor Verachtung anzuspucken. Er tauchte in den Zeitungsgeschichten als Schwarzmagier auf, dessen Arbeit sich mit der dunklen Seite der Natur und der sinnlichen Seite des Menschen befaßte. Es schien so gar nichts Geistliches an seiner «Kirche» zu sein.

Als ich LaVey zum ersten Mal hörte, merkte ich sofort, daß ihn nichts mit dem okkulten Geschäft verband. Man konnte ihn nicht einmal als metaphysisch bezeichnen. Seine unverblümte Ausdrucksweise war pragmatisch, relativistisch und vor allem rational. Sie war mit Sicherheit unorthodox: Ein Schlag gegen die etablierte religiöse Verehrung, gegen die Unterdrückung der menschlichen Triebe, gegen die geheuchelte Frömmigkeit, die nach dem Motto 'Jeder ist sich selbst der Nächste' doch nur ihre eigenen materiellen Ziele verfolgt. Seine Rede war auch eine sardonische Satire auf die menschliche Torheit. Aber vor allen Dingen war sie logisch. LaVey bot seinen Zuhörern keine Quacksalber-Magie. Es war eine Philosophie des gesunden Menschenverstandes, die auf den Realitäten des Lebens beruhte.

Nachdem ich mich von LaVey`s Seriosität überzeugt hatte, mußte ich *ihn* davon überzeugen, daß ich ernsthaft recherchieren wollte, anstatt den oberflächlichen Artikeln, die die Church of Satan als einen Haufen Irrer darstellen, noch einen weiteren hinzuzufügen. Ich vertiefte mich intensiver in das Thema Satanismus, diskutierte über seine Geschichte und Grundsätze mit LaVey und nahm an mehreren mitternächtlichen Ritualen in dem berühmten viktorianischen Pfarrhaus teil, das seinerzeit als Hauptquartier der Church of Satan diente. Auf dieser Grundlage schrieb ich einen ernsthaften Artikel, nur um dann festzustellen, daß er nicht den Vorstellungen der Herausgeber «seriöser» Zeitschriften entsprach. Sie interessierten sich nur für Artikel über den Haufen Irrer. Letzten Endes war es ein sogenanntes «girlie» oder «Herrenmagazin», Knight, das in seiner Septemberausgabe 1968 den ersten wahrheitsgetreuen Artikel über LaVey herausbrachte, über die Church of Satan, über LaVey`s Verknüpfung der alten Teufelslegenden und Überlieferungen schwarzer Magie mit moderner Philosophie und Praxis des Satanismus, wie sie heute allen Anhängern und Nachahmern als Modell, Leitfaden und sogar als Bibel dient.

Mein Artikel in dieser Zeitschrift war der Anfang (und nicht das Ende, wie bei meinen anderen journalistischen Themen) einer langen und engen Verbindung. Daraus entstand meine Biographie über LaVey, The Devil`s Avenger, 1974 von Pyramid verlegt. Nach der Veröffentlichung des Buches wurde ich eingetragenes Mitglied und später Priester der Church of Satan, ein Titel, den ich stolz mit vielen berühmten Persönlichkeiten teile. Die philosophischen Diskussionen nach Mitternacht mit LaVey begannen 1967 und finden auch heute, ein Jahrzehnt später, noch statt. Manchmal werden wir heutzutage dabei von einer erfahrenen Hexe unterstützt, oder wir machen unsere eigene Musik; er spielt Orgel, ich Schlagzeug, in einem bizarren Kabarett voller übernatürlicher, von LaVey erschaffener Wesen.

Sein gesamter Werdegang schien LaVey auf seine Rolle vorzubereiten. Er war ein Nachkomme georgischer, rumänischer und elsässischer Großeltern. Eine seiner Großmütter war eine Zigeunerin, die ihm Geschichten von Vampiren und Hexen aus ihrem Heimatland Transsylvanien erzählte. Schon mit fünf Jahren las er die «Weird Tales» (Unheimliche Geschichten - amerikanische Zeitschrift, Anm. d. Übers.) und Bücher wie Mary Shelley`s Frankenstein oder Bram Stoker`s Dracula. Obwohl er sich von anderen Kindern unterschied, ernannten diese ihn zum Anführer bei Paraden und Manövern in fiktiven militärischen Verbindungen.

1942, als LaVey zwölf Jahre alt war, brachte ihn seine Vorliebe für Zinnsoldaten dazu, sich Gedanken über den Zweiten Weltkrieg zu machen. Er vertiefte sich in militärische Handbücher und entdeckte, daß die Arsenale, mit denen Armeen und Kriegsflotten ausgerüstet werden, um Nationen zu erobern, so einfach zu erwerben sind wie Lebensmittel im Supermarkt. In ihm wuchs der Gedanke, daß entgegen der Aussage der Bibel nicht die Schwachen sondern die Mächtigen die Welt besitzen.

In der High School war LaVey eine Art seltsames Wunderkind. Seine intensiveren Studien fanden allerdings außerhalb des Schulunterrichts statt. Er vertiefte sich in die Musik, Metaphysik und die Geheimnisse des Okkultismus. Mit Fünfzehn wurde er zweiter Oboist des San Francisco Ballet Symphony Orchestra. Er brach die High School schon bald gelangweilt ab, verließ sein Zuhause und schloß sich dem Clyde Beatty Circus als Tierpfleger an, wo er für die Fütterung von Löwen und Tigern zuständig war. Der Dompteur Beatty bemerkte, wie geschickt LaVey mit Großkatzen umging und machte ihn zu seinem Assistenten.

Von Kindheit an hatte LaVey eine Vorliebe für Kunst und Kultur, so daß ihn der Reiz, Dschungelbewohner zu dressieren und mit ihnen als Stellvertreter Beatty`s zu arbeiten, allein nicht befriedigte. Mit zehn Jahren hatte er sich das Klavierspielen nach Gehör beigebracht. Das erwies sich als vorteilhaft, als der Calliope-Spieler, der die Darbietungen begleitete, vor der Vorstellung betrunken war und nicht auftreten konnte. LaVey bot sich freiwillig als Ersatz an, darauf vertrauend, daß er mit der ungewohnten Tastatur ausreichend gut umgehen konnte, um die gewünschte Begleitmusik zu erzeugen. Es stellte sich heraus, daß er mehr von Musik verstand und besser spielen konnte als der eigentliche Calliope-Spieler, so daß Beatty den Betrunkenen entließ und LaVey an dem Instrument einsetzte. Unter anderem begleitete er Hugo Zachinni, «die lebende Kanonenkugel» und die Hochseilakte der Wallendas. Mit Achtzehn verließ LaVey den Circus und schloß sich einem Jahrmarkt an. Dort wurde er Assistent eines Magiers, erlernte Hypnose und befaßte sich noch mehr mit Okkultismus. Es war eine seltsame Kombination. Einerseits arbeitete er in einer sehr rauhen Atmosphäre - weltliche Musik; der Geruch nach wilden Tieren und Sägespänen; Vorführungen, bei denen die geringste Unachtsamkeit Unfall oder Tod bedeutet; Auftritte, die jugendliche Kraft voraussetzen, und bei denen Älterwerdende als altes Eisen abgeschoben werden; eine Welt voller Nervenkitzel mit magischen Attraktionen. Andererseits beschäftigte er sich mit der Magie der dunklen Seite des menschlichen Verstandes. Vielleicht war es diese seltsame Kombination, die seine Meinung über die Menschheit zu beeinflussen begann, während er auf kleinen Jahrmarktsvorstellungen Orgel spielte.

«Samstagabends», erinnerte sich LaVey während eines unserer langen Gespräche, «sah ich regelmäßig Männer, die lüstern die halbnackten Tanzmädchen auf dem Jahrmarkt anstarrten, und wenn ich Sonntagmorgens die Veranstaltungen der Evangelisten in einem Zelt am anderen Ende des Festplatzes auf der Orgel begleitete, sah ich die gleichen Männer wieder. Sie saßen mit ihren Frauen und Kindern auf den Bänken und baten Gott um Vergebung und Befreiung von ihren fleischlichen Trieben. Und am nächsten Samstagabend waren sie dann wieder auf dem Festplatz oder an einem ähnlichen Ort der Lust. Mir war klar, daß die christliche Kirche nur durch ihre Scheinheiligkeit Erfolg hat, und daß sich der Geschlechtstrieb des Menschen immer wieder durchsetzt, egal wie sehr er von irgendeiner Weißlicht-Religion geläutert oder gegeißelt wird.»

Obwohl es LaVey damals noch nicht wußte, war er auf dem Weg, eine Religion zu formulieren, die als Antithese zum Christentum und seinem judäischen Erbe dienen sollte. Es war eine alte Religion, älter als das Christentum oder der Judaismus. Ihre Gedanken und Rituale waren jedoch noch nie in eine feste Form von Gedanken und Ritualen gebracht worden. Dies sollte LaVeys Aufgabe im zwanzigsten Jahrhundert der Zivilisation werden.

Nachdem LaVey 1951 im Alter von einundzwanzig Jahren geheiratet hatte, verließ er die wundersame Welt der Jahrmärkte, um eine Karriere zu beginnen, die sich mehr für die Schaffung eines eigenen Hausstandes eignete. Er hatte am City College of San Francisco einen Kursus als Kriminologe belegt, was zu seiner ersten gesellschaftlich anerkannten Tätigkeit führte, nämlich Fotograf bei der Polizei von San Francisco. Es stellte sich heraus, daß auch diese Arbeit, wie jede andere, zu seiner Entwicklung des Satanismus als Lebensweg beitrug.

«Ich sah die blutigste, grausigste Seite der menschlichen Natur,» erzählte LaVey bei einem Treffen, das sich mit seiner Vergangenheit beschäftigte. «Menschen, von Verrückten erschossen, von ihren Freunden erstochen; kleine Kinder, die von flüchtenden Fahrern blutüberströmt am Straßenrand liegengelassen wurden.

Das war abscheulich und deprimierend. Ich fragte mich: 'Wo ist Gott' und begann, die frömmelnde Haltung von Leuten, die bei Gewalttaten immer nur sagten, 'Es ist Gottes Wille', zu verachten.»

Deshalb gab er nach drei Jahren seine Arbeit als Polizeifotograf abgestoßen auf und begann wieder, Orgel zu spielen, diesmal in Nachtclubs und Theatern, um seinen Lebensunterhalt zu verdienen, während er sich weiterhin dem Studium der Leidenschaft seines Lebens, den Schwarzen Künsten, widmete. Einmal wöchentlich hielt er Vorlesungen zu geheimnisvollen Themen: Erscheinungen, übersinnliche Wahrnehmungen, Träume, Vampire, Werwölfe, Divination, Zeremonielle Magie usw. Damit zog er viele Menschen an, die in Kunst, Wissenschaft oder Wirtschaft bekannt waren oder es inzwischen geworden sind. Im Laufe der Zeit entwickelte sich aus dieser Gruppe ein «magischer Zirkel».

Das wichtigste Ziel dieses Zirkels war es, sich zu magischen Ritualen zu treffen, die LaVey entdeckt oder selbst ausgearbeitet hatte. Er hatte Bücher gesammelt über Schwarze Messen und andere berüchtigte Zeremonien, die von Gruppen zelebriert wurden wie den Tempelrittern im vierzehnten Jahrhundert in Frankreich, dem Hell-Fire Club und dem Golden Dawn im England des achtzehnten und neunzehnten Jahrhunderts. Das Ziel einiger dieser Geheimorden war es, die christliche Kirche zu schmähen und zu verhöhnen, und sich an den Teufel zu wenden als eine antropomorphe Gottheit, die das Gegenteil zu Gott darstellte. Nach LaVeys Ansicht war der Teufel etwas anderes, nämlich eine dunkle, verborgene Kraft in der Natur, verantwortlich für die Geschehnisse auf der Welt, eine Kraft, die weder durch Wissenschaft noch Religion erklärt werden kann. LaVey`s Satan ist «der Geist des Fortschritts, der Antrieb aller großen Bewegungen, die zur Entwicklung der Zivilisation und der Entfaltung der Menschheit beitragen. Er ist der Geist der Revolte, die zur Freiheit führt, die Verkörperung aller Häresien, die frei- machen.»

In der letzten Aprilnacht des Jahres 1966 - der Walpurgisnacht, dem wichtigsten Fest in der Überlieferung von Magie und Hexenwesen - rasierte sich LaVey rituell sein Haupthaar nach magischer Tradition und verkündete die Gründung der Church of Satan. Damit er entsprechend zu erkennen war, legte er den Kragen eines Geistlichen an. Bis hoch zu diesem Kragen sah er fast heilig aus. Aber sein wie Dschingis-Khan rasierter Kopf, sein mephistophelischer Bart und seine schmalen Augen gaben ihm das notwendige dämonische Aussehen für einen Priester der Kirche des Teufels auf Erden.

«Indem ich von einer Kirche sprach,» erklärte LaVey, «konnte ich einerseits die magische Formel 'ein Teil Skandal zu neun Teilen gesellschaftlicher Anerkennung' anwenden, die man zum Erfolg braucht. Der Hauptgrund jedoch war, eine Gruppe Gleichgesinnter zusammenzubringen und ihre kollektive Energie zur Anrufung der dunklen Kraft in der Natur, die Satan genannt wird, einzusetzen.

Wie LaVey ausführte, basieren alle anderen Kirchen auf Gottesanbetung und Verleugnung des Fleisches und des Intellekts. Er erkannte, daß eine Kirche gebraucht wurde, die Verstand und Triebe des Menschen als Anlaß zum Feiern wiederentdeckte. Ein vernünftiges Eigeninteresse sowie ein gesundes Selbstbewußtsein sollten gefördert werden.

Er begann festzustellen, daß das alte Konzept der Schwarzen Messen, die christlichen Gottesdienste lächerlich zu machen, überholt war, oder wie er es ausdrückte «wie auf ein totes Pferd zu setzen». In der Church of Satan führte LaVey anstelle der erniedrigenden Gottesdienste der Christenheit etliche atemberaubende Psychodramen ein und schaffte dadurch die Repressalien und Verbote ab, die die Weißlicht-Religionen pflegten.

Auch in der christlichen Kirche selbst gab es Widerstand gegen orthodoxe Riten und Traditionen. «Gott ist tot» war ein Modewort geworden. Die alternativen Riten, die LaVey ausarbeitete, enthielten anstelle der negativen Verhöhnung positive Formen von Feiern und Messen, unter Beibehaltung einiger Bestandteile alter Zeremonien: Satanische Hochzeiten, die der Sinneslust geweiht waren, Begräbnisse ohne heuchlerische Plattitüden, Lustrituale, die zur Erfüllung sexueller Wünsche beitragen, Schadensrituale, die es den Mitgliedern der Church of Satan ermöglichen, über ihre Feinde zu triumphieren.

Bei besonderen Anlässen, wie Taufen, Hochzeiten und Begräbnissen im Namen des Teufels war die Aufmerksamkeit der Presse enorm, wenn auch unerbeten. Im Jahr 1967 reichten die Zeitungen, die Reporter ausschickten, um über die Church of Satan zu berichten, von San Francisco über den Pazifik bis Tokio und quer über den Atlantik bis nach Paris. Das Photo einer nackten Frau, die halb verdeckt unter einem Leopardenfell in einer von LaVey entwickelten Hochzeitszeremonie als Altar für Satan diente, wurde von den großen Nachrichtenagenturen an Tageszeitungen weltweit versandt; und es erschien sogar auf der Titelseite solcher Medienbollwerke wie der Los Angeles Times. Als Folge dieser Publicity breiteten sich der Church of Satan angeschlossene Grottos (LaVey`s Gegenstück zu Covens) überall in der Welt aus und bewiesen damit eine von LaVey`s wichtigsten Aussagen: Der Teufel lebt und ist bei sehr vielen Menschen äußerst beliebt.

Natürlich erläuterte LaVey jedem, der es wissen wollte, daß für ihn und seine Anhänger der Teufel nicht der stereotype Geselle in rotem Umhang, mit Hörnern, Schwanz und Forke war, sondern vielmehr die dunklen Kräfte in der Natur, die die Menschen gerade erst zu ergründen beginnen. Wie konnte LaVey diese Erklärung in Einklang bringen mit seinem gelegentlichen Auftreten in schwarzer Kapuze mit Hörnern? Er erwiderte: «Die Menschen brauchen Rituale mit Symbolen, wie man sie auch bei Baseball-Spielen, Gottesdiensten und im Krieg findet, als Transportmittel für ihre Emotionen, die sie allein nicht freisetzen bzw. nicht einmal verstehen können.» Trotzdem war LaVey dieses Spiels bald überdrüssig.

Es gab Rückschläge. Zuerst beschwerten sich einige von LaVey`s Nachbarn über den ausgewachsenen Löwen, den er als Haustier hielt, und die Großkatze wurde letztlich dem örtlichen Zoo vermacht. Dann starb eine von LaVey`s ergebensten Hexen, Jayne Mansfield, durch einen Fluch, mit dem er ihren Gefährten, den Rechtsanwalt Sam Brody belegt hatte. Eine Reihe von Gründen hierfür habe ich in The Devil`s Avenger erläutert. LaVey hatte sie ständig gedrängt, sich von Brody zu trennen, und ihr Tod deprimierte ihn. Es war der zweite tragische Tod eines Sexsymbols aus Hollywood in den Sechzigern, zu dem er intime Kontakte pflegte. Die andere Frau war Marilyn Monroe, LaVey`s Geliebte während einer kurzen aber entscheidenden Zeitspanne im Jahr 1948, als er auf dem Jahrmarkt gekündigt hatte und bei Striptease-Darbietungen im Raum Los Angeles Orgel spielte.

Obendrein war es LaVey leid, Veranstaltungen und Zeremonien für seine Kirchenmitglieder zu organisieren. Er hatte Kontakt aufgenommen zu den letzten noch lebenden Mitgliedern okkulter Bruderschaften der Vorkriegszeit und war eifrig damit beschäftigt, sich ihre Philosophien und geheimen Rituale, die aus der Ära vor Hitler übriggeblieben waren, anzueignen; und er brauchte Zeit, um neue Prinzipien zu studieren, aufzuschreiben und auszuarbeiten. Er experimentierte seit langem mit der Anwendung geometrischer Raumkonzepte, die er «das Trapezoidgesetz» nannte. (Er spottet über die heutigen Mitläufer, die «die falschen Pyramiden anbellen.»). Er war auch ein gefragter Redner, Gast bei Radio- und Fernsehsendungen sowie inhaltlicher und technischer Berater dutzender Film- und Fernsehproduzenten, die satanische Schauergeschichten herausbrachten. Manchmal fungierte er auch als Schauspieler. Der Soziologe Clinton R. Sanders drückte es so aus: «... kein Okkultist hatte jemals einen so unmittelbaren Einfluß auf die Darstellung des Satanismus im Film wie Anton Szandor LaVey. Rituale und esoterischer Symbolismus sind zentrale Elemente in LaVey`s Kirche, und die Filme, bei denen er seine Hand im Spiel hatte, enthalten detailgetreue Darstellungen satanischer Riten und sind voller traditioneller okkulter Symbole. Die Church of Satan legt großen Wert auf Rituale, weil sie dazu dienen, 'die emotionalen Kräfte im Menschen zu bündeln.' So kann auch der blumige Ritualismus, den man in allen Filmen LaVey`s findet, als Auslöser angesehen werden, um die emotionalen Erfahrungen der Kinobesucher einzubeziehen und zu bündeln.»

Letztendlich beschloß LaVey, die Rituale und anderen organisierten Aktivitäten den Grottos der Church of Satan in aller Welt zu übertragen und sich der Schriftstellerei, den Vorlesungen und dem Unterricht zu widmen -

und seiner Familie: Ehefrau Diana, die blonde Schönheit, die als Hohepriesterin der Kirche fungiert; Tochter Karla mit den rabenschwarzen Haaren, inzwischen Anfang zwanzig und wie ihr Vater Kriminologe von Beruf. Sie verbringt viel Zeit damit, Vorlesungen über Satanismus an Universitäten ins weiten Teilen des Landes zu halten; und letztlich Zeena, an die sich die Leute erinnern durch ihr berühmtes Photos als Winzling während der Taufe in der Church of Satan. Inzwischen hat sie sich zu einem wunderschönen Teenager entwickelt, der ein immer größer werdendes Rudel von Wölfen der menschlichen Art anlockt.

In dieser Phase relativer Ruhe entstanden LaVey`s meistgelesene, bahnbrechende Bücher: Zuerst die ***Satanische Bibel***, die zur Zeit dieser Niederschrift in der zwölften Ausgabe erscheint (dies ist meine zweite, überarbeitete Einleitung, nachdem ich schon die ursprüngliche Einleitung der ersten Ausgabe geschrieben hatte). Danach die ***Satanischen Rituale***, mit weiterem dunklen, komplexen Material, das LaVey aus seinen immer umfangreicher werdenden Quellen schöpfte. Und drittens «The compleat Witch», ein Bestseller in Italien, der jedoch vergriffen ist, da er von seinem amerikanischen Verlag bedauerlicherweise nicht mehr veröffentlicht wird und sein Potential somit versickert ist.

Indem sich LaVey vom Organisieren kirchlicher Aktivitäten auf das Schreiben von weltweit vertriebenen Büchern verlegte, wuchs natürlich auch die Anzahl der Mitglieder der Church of Satan. Die wachsende Beliebtheit des Satanismus führte aber auch zu Schauermärchen religiöser Gruppen, die sich darüber beschwerten, daß an den Universitäten die ***Satanische Bibel*** weiter verbreitet sei als die christliche Bibel und somit die entscheidende Ursache für die Abkehr der Jugend von Gott. Und sicherlich kann man vermuten, daß Papst Paul LaVey im Sinn hatte, als er vor zwei Jahren in seiner weltweit übertragenen Ansprache verkündete, daß der Teufel «lebt» und «ein Mensch» ist, ein lebendiges, feuerspeiendes Wesen, das Böses in der Welt verbreitet. LaVey, der der Auffassung ist, daß «das Böse» rückwärts gelesen «leben» heißt (evil - live, Anm. d. Übers.), und daß das Leben ausgekostet und genossen werden soll, antwortet dem Papst und den religiösen Panikmachern folgendermaßen:

«Die Menschen, Organisationen, Nationen machen Millionen von Dollars mit uns. Was würden sie denn ohne uns tun? Ohne die Church of Satan hätten sie niemanden, gegen den sie wettern könnten, und dem sie die Schuld zuschieben könnten für die vielen schlimmen Dinge, die auf der Welt passieren. Wenn sie es wirklich ernst meinten, hätten sie uns gar nicht erst in diese Außenseiterrolle gedrängt. Ihr solltet wissen, daß *sie* die eigentlichen Scharlatane sind, und sie sind richtig froh, daß es uns gibt, damit sie uns für ihre Zwecke benutzen können. Wir sind ein ganz besonders kostbares Gut. Wir haben dem Geschäftsleben Auftrieb gegeben, der Wirtschaft auf die Beine geholfen und etliche der Millionen Dollar, die durch uns verdient wurden, sind der christlichen Kirche zugeflossen. Wir haben vielfach die Aussage der Neun Satanischen Grundsätze belegt, daß die Kirche - und zahllose Einzelpersonen - ohne den Teufel nicht existieren können.»

Dafür muß die christliche Kirche ihren Preis zahlen. Die Ereignisse, die LaVey in seiner ersten Ausgabe der ***Satanischen Bibel*** voraussagte, sind eingetreten. Unterdrückte Menschen haben ihre Fesseln gesprengt. Der Sex hat explosionsartig zugenommen, die kollektive Libido wurde freigesetzt im Kino, in der Literatur, auf den Straßen und zuhause. Menschen tanzen oben und unten ohne. Nonnen werfen ihre traditionelle Bekleidung ab, zeigen ihre Beine und tanzen zum «Missa Solemnis Rock», den LaVey eigentlich nur als Gag komponiert hatte. Es gibt allgemein eine nicht enden wollende Nachfrage nach Unterhaltung, nach gutem Essen und exquisiten Weinen, Abenteuern und Freude am Leben im Hier und Jetzt. Die Menschheit ist nicht länger gewillt, auf ein Leben nach dem Tode zu warten, das eine Entschädigung verspricht für die saubere, keusche - sprich: asketische, freudlose - Gesinnung. Es ist eine Atmosphäre des Neopaganismus und Hedonismus entstanden, die eine Vielzahl brillanter Persönlichkeiten hervorgebracht hat - Doktoren, Rechtsanwälte, Ingenieure, Lehrer, Schriftsteller, Börsen- und Immobilienmakler, Schauspieler und Schauspielerinnen, Leute aus dem Bereich der Massenmedien (um nur einige Kategorien von Satanisten zu nennen) - die daran interessiert sind, dieser alles durchdringenden Religion und Lebensart eine Ausdrucksform zu verleihen und sie weiterzuführen.

Es ist nicht leicht, diese Religion anzunehmen in einer Gesellschaft, die seit so langer Zeit von puritanischer Ethik geprägt ist. Es gibt in dieser Religion keinen falschen Altruismus oder aufgezwungene Konzepte, wie «liebe Deinen

Nächsten». Der Satanismus ist eine unverblümt selbstsüchtige, brutale Philosophie. Sie basiert auf der Überzeugung, daß die Menschen von Natur aus egoistische, gewalttätige Lebewesen sind, daß das Leben ein darwinistischer Kampf ums Überleben der körperlich Widerstandsfähigsten ist, daß nur die Starken überleben und die Erde von denen regiert wird, die den immerwährenden Wettkampf im Dschungel, auch im Dschungel der Städte, gewinnen. Man kann diese brutale Auffassung natürlich verachten; sie beruht jedoch schon seit Jahrhunderten auf den Realitäten, die auf dieser Erde vorherrschen, und die wir lieber bewohnen als das mystische Land, wo Milch und Honig fließen, welches uns die christliche Bibel ausmalt.

In der ***Satanischen Bibel*** hat LaVey die Philosophie des Satanismus gründlicher erklärt als alle seine Vorfahren aus dem Reich der Dunkelheit, indem er ausführlich die innovativen Rituale und Requisiten beschreibt, die er gestaltet hat, um eine Kirche der Realisten zu schaffen. Schon bei der ersten Auflage wurde klar, daß viele Leute das Buch lesen wollten, um zu erfahren, wie man satanische Gruppen gründet und Schwarze Magie rituell praktiziert. Die Satanische Bibel und die Satanischen Rituale sind die einzigen Bücher, die aufzeigen, wie dies alles authentisch und wahrheitsgetreu auf der Grundlage der jeweiligen alten Traditionen durchgeführt werden kann. Es gab viele Nachahmer, die niemals ihre Quellen preisgaben, und dies aus gutem Grund; denn sobald jemand die schäbigen, hohlen Machwerke dieser Nachahmer mit LaVey`s Pionierarbeit vergleicht, besteht für diese Abzocker kein Markt mehr.

Für alle, die es sehen wollen, ist das Ergebnis eindeutig: Anton LaVey hat Satan aus seiner Abgeschiedenheit hervorgeholt, und die Church of Satan ist der Urquell des zeitgenössischen Satanismus. Dieses Buch faßt die Botschaft beider zusammen. Es stellt immer noch eine Herausforderung und Inspiration dar und ist so aktuell wie zum Zeitpunkt seiner Niederschrift.

San Francisco
Dezember 1976 (XI Anno Satanas)

DIE SATANISCHE BIBEL

VORBEMERKUNG

Dieses Buch wurde geschrieben, da bis auf wenige Ausnahmen jedes Traktat und jedes Papier, jedes «geheime» Grimoire, die ganzen «großen Werke» zum Thema Magie nichts anderes als frömmelnde Fälschungen sind - von schlechtem Gewissen getriebenes Geschwafel und esoterisches Geschwätz von Chronisten, die von magischen Überlieferungen berichten und entweder keinen objektiven Standpunkt dazu einnehmen können oder wollen. Einer nach dem andern von diesen Schreibern hat es bei seinen Versuchen, die Grundsätze «Weißer und Schwarzer Magie» darzulegen, lediglich geschafft, das Thema dermaßen zu vernebeln, daß der am Hexentum interessierte Schüler letztlich stumpfsinnig eine Planchette über ein Ouija-Brett schiebt, in einem Pentagramm steht und auf das Erscheinen eines Dämonen wartet, ungeschickt I-Ching Stäbchen aus Schafgarbe umherschiebt wie überalterte Brezeln, Karten mischt, um die Zukunft vorauszusagen, mit völlig sinnlosem Ergebnis, und Seminare besucht, die mit Sicherheit nur seinem Ego - und seiner Geldbörse - schaden. Und er macht sich ganz allgemein zum Narren in den Augen derjenigen, die *wissen*!

Der wahre Magus weiß, daß die okkulten Bücherregale überquellen mit verstaubten Relikten ängstlicher Gemüter und steriler Körper, mit metaphysischen Reisen der Selbstverachtung und Regelbüchern, vollgestopft mit Vorschriften aus dem östlichen Mystizismus. Viel zu lange schon wurde über das Thema Satanische Magie und Philosophie von sensationslüsternen Journalisten des Pfades zur Rechten geschrieben.

Die alte Literatur ist das Abfallprodukt aus Hirnen, die von Furcht und Nieder-lage zerfressen sind und die unwissentlich damit diejenigen unterstützen, die wirklich die Welt regieren, und die von ihrem Höllenthron vor Verachtung schallend herunterlachen.

Die Flammen der Hölle brennen heller durch das Zündmaterial, das diese Bände mit ihren vergilbten Fehlinformationen und falschen Prophezeihungen liefern.

Dieses Buch enthält Wahrheit - und Phantasie. Eines kann ohne das andere nicht existieren; jedoch muß beides als das erkannt werden was es ist. Was du erfährst, mag dir vielleicht nicht immer gefallen, aber du wirst es erfahren!

Dies ist satanisches Gedankengut aus wahrhaft satanischer Sicht.

Anton Szandor LaVey

The Church of Satan
San Francisco, Walpurgisnacht 1968

PROLOG

Die Götter des Pfades zu Rechten haben sich ein ganzes Weltzeitalter lang gezankt und zerstritten. Alle diese Gottheiten und ihre Priester und Geistlichen haben versucht, Weisheit in ihren eigenen Lügen zu finden. Die Eiszeit religiöser Gedanken kann jedoch im großen Plan der menschlichen Existenz nur eine begrenzte Zeit andauern. Die von ihrer Weisheit besudelten Götter haben ihre Zeit gehabt und ihr Jahrtausend ist vorbei. Jeder von ihnen hatte seinen eigenen «göttlichen» Pfad zum Paradies und beschuldigte den anderen der Ketzerei und geistiger Indiskretionen. Auf dem Ring der Nibelungen lastet tatsächlich ein immerwährender Fluch, aber nur weil diejenigen, die ihn suchen, in Kategorien von «Gut» und «Böse» denken - wobei sie selbst natürlich die «Guten» sind. Um zu überleben, sind die Götter der Vergangenheit zu ihren eigenen Teufeln geworden. Ihre Geistlichen spielen kläglich das Teufelsspiel, um ihre Tabernakel zu füllen und die Miete für ihre Tempel bezahlen zu können. Aber sie haben sich viel zu lange schon in «Rechtschaffenheit» geübt und sind dabei zu armen und inkompetenten Teufeln geworden. Und so reichen sie sich alle die Hände in «brüderlicher» Einheit, und treffen sich in ihrer Verzweiflung in der Walhalla zu ihrem letzten großen ökumenischen Rat. «In der Düsternis zieht die Götterdämmerung auf.» Die Raben der Nacht sind davongeflogen, um Loki anzurufen, der die Walhalla in Flammen hat aufgehen lassen mit dem brennenden Dreizack des Infernos. Die Dämmerung ist vorbei. Ein Glanz neuen Lichtes wurde aus der Nacht geboren und Luzifer ist auferstanden, um erneut zu verkünden: «Dies ist das Zeitalter Satans! Satan regiert die Welt!» Die Götter der Ungerechten sind tot. Dies ist der Morgen der magischen, unverfälschten Weisheit. Das *Fleisch* herrscht, und eine großartige Kirche soll errichtet und in seinem Namen geweiht werden. Die Errettung der Menschen soll nicht länger von seiner Selbstverleugnung abhängig gemacht werden. Und es wird sich zeigen, daß die Welt des Fleisches und des Lebens die beste Vorbereitung auf jegliche Freuden der Ewigkeit ist!

REGIE SATANAS!
AVE SATANAS!
HEIL SATAN!

DIE NEUN SATANISCHEN GRUNDSÄTZE

1. Satan bedeutet Sinnesfreude anstatt Abstinenz!

2. Satan bedeutet Lebenskraft anstatt Hirngespinste!

3. Satan bedeutet unverfälschte Weisheit anstatt heuchlerischen Selbstbetrug!

4. Satan bedeutet Güte gegenüber denjenigen, die sie verdienen, anstatt Verschwendung von Liebe an Undankbare!

5. Satan bedeutet Rache anstatt Hinhalten der anderen Wange!

6. Satan bedeutet Verantwortung für die Verantwortungsbewußten anstatt Fürsorge für psychische Vampire!

7. Satan bedeutet, daß der Mensch lediglich ein Tier unter anderen Tieren ist, manchmal besser, häufig jedoch schlechter als die Vierbeiner, da er aufgrund seiner «göttlichen geistigen und intellektuellen Entwicklung» zum bösartigsten aller Tiere geworden ist!

8. Satan bedeutet alle sogenannten Sünden, denn sie alle führen zu physischer, geistiger oder emotionaler Erfüllung!

9. Satan ist der beste Freund, den die Kirche jemals gehabt hat, denn er hat sie die ganzen Jahre über am Leben erhalten!

(FEUER)

DAS BUCH SATAN

DIE HÖLLISCHE STREITSCHRIFT

Das erste Buch der *Satanischen Bibel* ist nicht der Versuch einer Gotteslästerung sondern eine Meinungsäußerung, die man als «diabolische Empörung» bezeichnen könnte. Der Teufel wurde immer von den Gottesmännern gnadenlos und ohne Hemmungen angegriffen. Niemals hatte der Prinz der Dunkelheit wirklich Gelegenheit, auf die gleiche Weise wie die Redner des Herrn der Rechtschaffenen zu Wort zu kommen. Die Kanzelprediger der Vergangenheit konnten «Gut» und «Böse» nach ihrem Gutdünken festlegen und haben nur zu gern diejenigen, die ihren Lügen widersprachen, in der Versenkung verschwinden lassen - sowohl verbal als manchmal auch physisch. Ihr Gerede von «Barmherzigkeit» verkommt im Zusammenhang mit Seiner Höllischen Majestät zur leeren Worthülse und ist ausgesprochen unfair, wenn man bedenkt, daß ohne ihren satanischen Gegner ihre Religion ganz einfach zusammenbrechen würde. Wie bedauerlich, daß die allegorische Persönlichkeit, der die geistigen Religionen ihren Erfolg am meisten zu verdanken haben, am wenigsten Barmherzigkeit erfährt und ständig mißbraucht wird - und das ausgerechnet von denjenigen, die immer salbungsvoll die Regeln der Fairness verkünden! In all den Jahrhunderten, in denen der Teufel niedergebrüllt wurde, hat er sich nie gegen seine Verleumder zur Wehr gesetzt. Er ist immer ein Gentleman geblieben, während diejenigen, die er unterstützt, lärmen und toben. Er war ein Musterbeispiel guten Benehmens, aber jetzt ist seiner Meinung nach die Zeit zum Widerspruch gekommen . Er hat beschlossen, endlich zu seinem Recht zu kommen. Die dickbäuchigen Regelbücher mit heuchlerischen Vorschriften haben ausgedient. Um das Gesetz des Dschungels neu zu erlernen, reicht eine kleine, dünne Streitschrift aus. Jeder Vers ist ein Inferno. Jedes Wort ist eine Feuerzunge. Die Flammen der Hölle brennen gewaltig... und reinigen! Lies weiter und lerne das Gesetz.

DAS BUCH SATAN

I

1. In dieser kargen Wildnis aus Stahl und Stein erhebe ich meine Stimme, auf daß ihr mich höret. Nach Osten und Westen rufe ich. Nach Norden und Süden gebe ich ein Zeichen, welches verkündet: Tod den Schwächlichen, Reichtum den Starken!

2. Öffnet eure Augen, auf daß ihr sehet, oh Menschen mit vermoderten Hirnen und hört mir zu, ihr verwirrten Millionen!

3. Denn ich bin angetreten, um die Weisheit der Welt herauszufordern und die «Gesetze» der Menschheit und «Gottes» infrage zu stellen!

4. Ich verlange Begründungen für eure Goldene Regel und frage nach dem Warum und Weshalb eurer Zehn Gebote.

5. Ich verneige mich vor keinem eurer papierenen Idole in Anerkennung, und wer zu mir sagt, «Du sollst» ist mein Todfeind!

6. Ich tauche meinen Zeigefinger in das wässerige Blut eures impotenten, wahnsinnigen Erlösers und schreibe auf seine von Dornen entstellte Stirn: Der *wahre* Prinz des Bösen - der König der Sklaven!

7. Ich akzeptiere keine abgedroschenen Unwahrheiten als Wahrheit; kein einengendes Dogma wird meine Feder am Schreiben hindern!

8. Ich breche mit allen Konventionen, die nicht zu meinem irdischen Erfolg und Glück beitragen!

9. Ich setze in einer unerbittlichen Invasion den Maßstab der Starken!

10. Ich starre in die glasigen Augen eures furchtsamen Jehovas und ziehe ihn am Bart; ich erhebe eine Streitaxt und spalte seinen von Würmern zerfressenen Schädel!

11. Ich zerstöre die abscheulichen Inhalte der philosophisch schöngefärbten Gräber und lache in sardonischem Zorn!

II

1. Sehet das Kreuz; was symbolisiert es? Bleiche Inkompetenz, die an einem Baum hängt.

2. Ich hinterfrage alle Dinge. Während ich vor den fauligen und gelackten Fassaden eurer überheblichen moralischen Dogmen stehe, schreibe ich darauf mit Buchstaben aus flammender Verachtung: Seht her, all dies ist Schwindel!

3. Komm her zu mir, du Todesverächter, und die Erde wird dir gehören!

4. Viel zu lange war es der toten Hand erlaubt, lebendiges Gedankengut abzutöten!

5. Viel zu lange haben falsche Propheten Richtig und Falsch, Gut und Böse verdreht!

6. Kein Glaubensbekenntnis muß aufgrund seiner «göttlichen» Beschaffenheit akzeptiert werden. Religionen sollen angezweifelt werden. Kein moralisches Dogma darf als selbstverständlich hingenommen, kein Maßstab als göttlich angesehen werden. Keine Moralvorstellungen sind von Natur aus heilig. Wie die hölzernen Idole vergangener Zeiten sind auch sie das Werk von Menschenhand, und was der Mensch erschaffen hat, das kann der Mensch auch vernichten!

7. Derjenige, der zögert, alles und jedem zu glauben, ist sehr weise, denn der Glaube an ein einziges falsches Prinzip ist der Beginn allen Unverstands!

8. Die wichtigste Aufgabe jedes neuen Zeitalters ist es, Menschen hervorzubringen, die seine Freiheiten neu definieren, es zu materiellem Reichtum

zu führen und die verrosteten Schlösser und Ketten veralteter Traditionen zu sprengen, die einem gesunden Wachstum entgegenstehen. Theorien und Ideen, die einmal Leben, Hoffnung und Freiheit für unsere Ahnen bedeutet haben, können heute zu Zerstörung und Sklaverei führen und uns entwürdigen!

9. Mit der Veränderung der Umwelt verändern sich auch die menschlichen Ideale!

10. Wann immer eine Lüge sich selbst auf den Thron erhoben hat, soll sie ohne Mitleid und Bedauern angezweifelt werden, denn unter dem Einfluß einer Unwahrheit kann niemand gedeihen!

11. Die überkommenen Scheinargumente sollen vom Thron gestoßen, ausgemerzt, verbrannt und zerstört werden, denn sie sind eine ständige Bedrohung der wahren Würde von Gedanken und Handlungen!

12. Jede angebliche «Wahrheit», die sich als reine Erfindung herausstellt, soll ohne weitere Umstände in die äußerste Finsternis geschleudert werden, hin zu den toten Göttern, toten Weltreichen, toten Philosophien und all dem anderen bedeutungslosen Plunder!

13. Die gefährlichste aller herrschenden Lügen ist die heilige, abgesegnete, die privilegierte Lüge - die Lüge, von der jeder glaubt, daß sie ein Musterbeispiel an Wahrheit ist. Sie ist die fruchtbare Mutter aller anderen verbreiteten Irrtümer und Selbsttäuschungen. Sie ist ein hydraköpfiger Baum der Unvernunft mit tausend Wurzeln. Sie ist ein gesellschaftliches Krebsgeschwür!

14. Die Lüge, die als solche enttarnt wird, ist schon halb ausgerottet, aber die Lüge, die auch von intelligenten Menschen als Tatsache akzeptiert wird - die Lüge, die schon dem Kleinkind auf den Knien der Mutter eingetrichtert wird, ist gefährlicher zu bekämpfen als die schleichende Pest!

15. Eingängige Lügen waren schon immer die stärksten Feinde persönlicher Freiheit. Es gibt nur einen Weg, mit ihnen umzugehen: Radikal herausschneiden wie Krebsgeschwüre. Mit Stumpf und Stiel ausrotten. Vernichtet sie, sonst vernichten sie uns!

III

1. «Liebet einander», so heißt es, soll das oberste Gesetz sein, aber welche Macht hat das bestimmt? Auf welcher geistigen Autorität beruht dieses Evangelium der Liebe? Warum soll ich meine Feinde nicht hassen - wenn ich sie «liebe», liefere ich mich damit nicht ihrer Gnade aus?

2. Ist es natürlich, daß Feinde einander Gutes tun - UND WAS IST GUT?

3. Kann das zerfetzte und blutige Opfer das blutverschmierte Maul «lieben», das ihm Stück für Stück seine Gliedmaßen abreißt?

4. Haben wir nicht alle den Instinkt räuberischer Tiere? Könnten die Menschen weiter existieren, wenn sie völlig damit aufhörten, einander zur Beute zu machen?

5. Sind nicht «Lust und körperliches Begehren» die aufrichtigeren Begriffe, um «Liebe» im Zusammehang mit der Arterhaltung zu beschreiben? Ist nicht die «Liebe» der kriecherischen Heiligen Schrift einfach nur eine beschönigende Umschreibung sexueller Aktivitäten, oder war der «große Lehrer» ein Verehrer von Eunuchen?

6. Liebe deine Feinde und tue denen Gutes, die dich hassen und ausnutzen - ist das nicht die verachtenswerte Philosophie eines Spaniels, der sich auf den Rücken rollt, wenn man ihn tritt?

7. Hasse deine Feinde von ganzem Herzen, und wenn jemand dir auf die eine Wange schlägt, ***schlage*** ihn auf die andere! Schlage ihn, wo immer du ihn triffst, denn Selbsterhaltung ist das oberste Gebot!

8. Wer die andere Wange hinhält ist ein feiger Hund!

9. Vergelte Schläge mit Schlägen, Verachtung mit Verachtung, Verurteilung mit Verurteilung - mit Zins und Zinseszins! Auge um Auge, Zahn um Zahn, nicht nur vierfach sondern hundertfach! Werde zum Alptraum für deinen Gegner, und wenn er von dir geht, wird er jede Menge zusätzlicher Weisheit erworben haben, über die er nachgrübeln kann. So verschaffst du dir Respekt in allen Lebenslagen, und dein Geist - dein ***unsterblicher***

Geist - wird weiterleben, nicht in einem vagen Paradies sondern in den Gedanken und Körpern derjenigen, deren Respekt du erworben hast.

IV

1. Leben ist die große Sinnesfreude - Tod die große Abstinenz. Deshalb mache das Bestmögliche aus dem Leben - HIER UND JETZT!

2. Es gibt kein himmlisches Paradies und keine Hölle, in der Sünder geröstet werden. Hier und jetzt ist der Tag unserer Pein! Hier und jetzt ist der Tag unserer Freude! Hier und jetzt ist unsere Chance! Nutze diesen Tag, diese Stunde, denn es existiert kein Erlöser!

3. Sage deinem Herzen «Ich bin mein eigener Erlöser.»

4. Gebiete denjenigen Einhalt, die dich verfolgen. Schleudere diejenigen, die dein Verderben planen, zurück in ihre Verwirrtheit und Niederträchtigkeit. Lasse sie wie ein Blatt im Wirbelwind sein, und wenn sie gefallen sind, erfreue dich an deiner eigenen Errettung.

5. Dann werden alle deine Knochen voller Stolz sagen: «Wer gleicht mir? War ich nicht zu stark für meine Gegner? Habe ich mich nicht *selbst* errettet, durch meinen eigenen Geist und Körper?»

V

1. Gesegnet sind die Starken, denn sie werden die Erde besitzen - Verflucht sind die Schwachen, denn sie werden unter das Joch kommen!

2. Gesegnet sind die Mächtigen, denn sie werden von den Menschen verehrt werden - Verflucht sind die Schwachen, denn sie werden ausgelöscht werden!

3. Gesegnet sind die Mutigen, denn sie werden die Herren der Welt sein - Verflucht sind die selbstgerechten Demütigen, denn sie werden von gespaltenen Hufen zertrampelt!

4. Gesegnet sind die Siegreichen, denn der Sieg ist die Grundlage des Rechts - Verflucht sind die Besiegten, denn sie werden für immer Vasallen bleiben!

5. Gesegnet sind die mit den eisernen Fäusten, denn die Untauglichen werden vor ihnen fliehen - Verflucht sind die geistig Armen, denn man wird auf sie spucken!

6. Gesegnet sind diejenigen, die den Tod verachten, denn sie werden ein langes Leben auf Erden haben - Verflucht sind diejenigen, deren Blick auf ein besseres Leben nach dem Tode gerichtet ist, denn sie werden inmitten des Überflusses umkommen!

7. Gesegnet sind die Zerstörer falscher Hoffnung, denn sie sind der wahre Messias - Verflucht sind die Gottesanbeter, denn sie werden wie geschorene Schafe sein!

8. Gesegnet sind die Tapferen, denn sie werden große Reichtümer erwerben - Verflucht sind diejenigen, die an Gut und Böse glauben, denn sie ängstigen sich vor Schatten!

9. Gesegnet sind diejenigen, die an das glauben, was für sie am besten ist, denn niemals wird sich ihr Geist einschüchtern lassen - Verflucht sind die «Lämmer Gottes», denn sie werden ausbluten, bis sie weißer sind als Schnee!

10. Gesegnet ist der Mann, der zahlreiche Feinde hat, denn sie werden ihn zum Helden machen - Verflucht ist derjenige, der anderen Gutes tut, die ihn dafür verspotten, denn man wird ihn verachten!

11. Gesegnet sind die geistig Mächtigen, denn sie werden vom Wirbelwind getragen - Verflucht sind diejenigen, die Lügen zu Wahrheiten und Wahrheiten zu Lügen erklären, denn sie sind ein Greuel!

12. Dreimal verflucht sind die Schwachen, deren Unsicherheit sie niederträchtig macht, denn sie werden dienen und leiden!

13. Der Engel des Selbstbetrugs hat sich in den Seelen der «Rechtschaffenen» eingenistet - Die ewige Flamme der Kraft durch Freude lebt im Körper des Satanisten!

(LUFT)

DAS BUCH LUZIFER

DIE ERLEUCHTUNG

Der römische Gott Luzifer war der Träger des Lichtes, der Geist der Luft, die Personifizierung der Erleuchtung. In der christlichen Mythologie wurde er zum Synonym für das Böse, was auch nicht anders zu erwarten war von einer Religion, deren Fortbestand auf verschwommenen Definitionen und Scheinwerten beruht. Es ist an der Zeit, dies einmal klarzustellen. Falsche Moralismen und verborgene Ungenauigkeiten müssen korrigiert werden. So unterhaltsam sie auch sein mögen, die meisten Geschichten und Stücke über Teufelsanbetung müssen als das angesehen werden, was sie sind, nämlich überflüssige Absurditäten. Es heißt «Die Wahrheit macht den Menschen frei». Die Wahrheit allein hat noch nie jemanden befreit. Erst der *Zweifel* bringt geistige Emanzipation. Ohne das wunderbare Element des Zweifels wäre das Tor zur Wahrheit fest verschlossen und undurchdringlich selbst bei dem heftigsten Dagegenhämmern von tausend Luzifern. Wie verständlich ist es doch, daß die Heilige Schrift den Herrscher der Hölle als «Vater der Lügen» bezeichnet - ein ausgezeichnetes Beispiel für die Verdrehung eines Charakters. Wenn man der theologischen Anschuldigung glauben soll, daß der Teufel die Unwahrheit repräsentiert, so muß man auch einräumen, daß ER ES WAR, NICHT GOTT, DER ALLE GEISTIGEN RELIGIONEN GESCHAFFEN UND ALLE HEILIGEN BIBELN GESCHRIEBEN HAT! Wenn immer mehr Zweifel aufkommen, droht die große, aus lange angesammelten Irrtümern bestehende Seifenblase zu zerplatzen. Für diejenigen, die jetzt schon die angeblichen Wahrheiten anzweifeln, ist dieses Buch eine Offenbarung. Dann ist Luzifer auferstanden. Jetzt ist die Zeit für Zweifel! Die Seifenblase der Unwahrheit zerplatzt, und ihr Klang ist der Aufschrei der Welt!

- GESUCHT! -
GOTT
TOT ODER LEBENDIG

Es ist eine weitverbreitete falsche Annahme, daß der Satanist nicht an Gott glaubt. Die Vorstellung des Menschen von «Gott» hat sich im Laufe der Zeit so oft verändert, daß sich der Satanist einfach die Definition aussucht, die für ihn am geeignetsten ist. Der Mensch hat sich immer seine Götter geschaffen und nicht seine Götter *ihn*. Für manche ist Gott gütig, für andere furchteinflößend. Für den Satanisten ist «Gott» - mit welchem Namen, wenn überhaupt, er auch benannt werden mag - der ausgleichende Faktor in der Natur und kein Lebewesen, das für das Leid zuständig ist. Diese mächtige Kraft, die das Universum durchdringt und im Gleichgewicht hält, ist viel zu unpersönlich, um sich um das Glück oder Unglück von Lebewesen aus Fleisch und Blut zu sorgen, die auf diesem kleinen schmutzigen Erdball leben.

Wer glaubt, daß Satan böse ist, sollte einmal an all die Männer, Frauen, Kinder und Tiere denken, die gestorben sind, weil es «Gottes Wille» war. Jeder Mensch, der den plötzlichen Tod geliebter Angehöriger betrauert, würde diese wohl lieber bei sich als in der Hand Gottes wissen! Statt dessen werden sie salbungsvoll von ihrem Geistlichen getröstet, der sagt «Es war Gottes Wille, meine Liebe»; oder «Er ist jetzt bei Gott, mein Sohn.» Derartige Phrasen waren schon immer ein bequemer Weg der Frommen, die Erbarmungslosigkeit Gottes zu dulden oder zu rechtfertigen. Wenn jedoch Gott alles so völlig unter Kontrolle hat und so gütig ist, wie behauptet wird, warum läßt er dann zu, daß derartige Dinge passieren? Viel zu lange schon haben sich religiöse Eiferer auf ihre Bibeln und Gesetzbücher zurückgezogen, um zu beweisen, zu widerlegen, zu rechtfertigen, zu verurteilen oder zu interpretieren.

Dem Satanisten ist bewußt, daß der Mensch sowie die Aktion und Reaktion des Universums für alles verantwortlich ist, und er gibt sich nicht der Illusion hin, daß jemand anderes für ihn sorgt. Wir werden uns nicht länger zurücklehnen und das «Schicksal» passiv hinnehmen, nur weil es in Kapitel soundso, Psalm soundso geschrieben steht - ein für allemal! Der Satanist weiß, daß

Beten überhaupt nichts bewirkt - im Gegenteil, es verringert die Erfolgschancen, da sich die frommen Eiferer oft einfach nur andächtig zurücklehnen und eine Situation herbeibeten, die sie selbst viel schneller erreichen könnten, wenn sie sich nur selbst darum kümmern würden!

Der Satanist meidet Ausdrücke wie «Hoffen» und «Beten», da sie ein Anzeichen für eine bestimmte Geisteshaltung sind. Wenn wir hoffen und beten, damit etwas eintritt, handeln wir nicht im positiven Sinne, damit es wirklich eintritt. Der Satanist weiß, daß er alles, was er erreicht, sich selbst zu verdanken hat, und er übernimmt das Kommando anstatt Gott darum zu bitten. Positives Denken und positives ***Handeln*** führen zusammen zu Ergebnissen.

Ebensowenig wie der Satanist Gott um Hilfe bittet, bittet er ihn auch um Vergebung für seine Vergehen. Wenn jemand Missetaten begeht, so bittet er in anderen Religionen Gott um Vergebung oder beichtet sie einem Zwischenträger, damit dieser für ihn Gott um Vergebung für seine Sünden bittet. Der Satanist weiß, wenn Beten schon nichts nützt, dann nützt es noch weniger, jemand anderem, der auch nur ein Mensch wie er ist, zu beichten - und außerdem ist es entwürdigend.

Wenn ein Satanist etwas Verkehrtes tut, weiß er, daß es ganz natürlich ist, Fehler zu machen - und wenn ihm sein Vergehen wirklich leid tut, wird er daraus lernen und dafür sorgen, daß es nicht noch einmal vorkommt. Wenn er seine Tat jedoch nicht aufrichtig bedauert und weiß, daß er das Gleiche immer wieder machen wird, ist es sowieso unnötig, zu beichten und um Vergebung zu bitten. Aber genau dies geschieht. Die Menschen beichten ihre Sünden, um ihr Gewissen zu erleichtern und unbelastet neue Sünden zu begehen, meistens dieselben.

Es gibt so viele unterschiedliche Interpretationen von Gott im üblichen Wortsinn wie es unterschiedliche Menschen gibt. Die Vorstellungen reichen vom Glauben an einen vagen «universellen kosmischen Geist» bis zu dem antropomorphen Gott mit langem weißen Bart und Sandalen, der die Handlungen jedes Einzelnen überwacht.

Sogar in den Grenzen einer vorgegebenen Religion gibt es sehr unterschiedliche Interpretationen von Gott. Einige Religionen gehen sogar so weit, jeden, der einer anderen religiösen Sekte als sie selbst angehört, als Ketzer zu bezeichnen, obwohl die allgemeinen Doktrinen und Vorstellungen von Göttlichkeit fast dieselben sind. Zum Beispiel: Die Katholiken glauben, daß die Protestanten in der Hölle enden werden, und zwar aus dem einfachen Grund, daß sie nicht der katholischen Kirche angehören. Außerdem sind viele Splittergruppen des christlichen Glaubens, wie die Kirche der Evangelisation oder der Erweckungsbewegung, der Überzeugung, daß die Katholiken Heiden sind, die Götzenbilder anbeten. (Das Bild von Christus ähnelt in der Vorstellung jeweils physiologisch stark demjenigen, der ihn anbetet, und trotzdem kritisieren Christen «Heiden» wegen Götzenanbetung.) Und die Juden wurden schon immer als Teufel bezeichnet.

Obwohl der Gott in all diesen Religionen grundsätzlich derselbe ist, betrachtet jede den Weg der anderen als verwerflich, und obendrein *beten* diese religiösen Eiferer noch füreinander! Sie verachten ihre Brüder des Pfades zur Rechten, weil ihre Religionen einen anderen Namen tragen, und irgendwie muß diese Feindseligkeit herausgelassen werden. Wie ginge dies besser als durch ein «Gebet»! Was für eine gekünstelte höfliche Art zu sagen: «Ich hasse dich wie die Pest», ist doch dieser schlecht getarnte Akt, den man als Beten für seinen Feind bezeichnet! Beten für den eigenen Feind ist nichts anderes als wie Zorn aus der Billigwarenabteilung eines Kaufhauses, schäbig und von minderer Qualität.

Wenn es so viele krasse Meinungsverschiedenheiten darüber gibt, welcher Weg der Gottesanbetung der richtige ist, wieviele verschiedene Interpretationen von Gott selbst mag es wohl geben - und *wer* hat recht?

All diese hingebungsvollen «Weißlichter» sind damit beschäftigt, Gott zu gefallen, damit sich die «Tore zum Paradies» für sie öffnen, wenn sie sterben. Und trotzdem, wenn ein Mensch sein Leben *nicht* in Übereinstimmung mit den Vorschriften seines Glaubens geführt hat, kann er immer noch in letzter Minute einen Geistlichen an sein Sterbebett rufen, um die endgültige Absolution zu erhalten. Der Priester oder Pfarrer kommt angerannt, um alles mit Gott «ins Lot zu bringen» und dafür zu sorgen, daß die Fahrkarte ins Himmelreich korrekt ausgestellt ist. (Die Yezidis, eine Sekte von Teufelsanbetern, haben hierzu eine ganz andere Ansicht. Sie glauben, daß Gott allmächtig, aber auch alles vergebend ist, und daß es deshalb der Teufel ist, den sie zufriedenstellen müssen, da er ihr Leben hier auf Erden bestimmt. Sie sind dermaßen fest davon überzeugt, daß Gott ihnen alle ihre Sünden vergibt, wenn sie ihre letzte Ölung erhalten haben, daß sie es nicht für nötig halten, sich um die Meinung Gottes zu ihrem Erdenleben zu kümmern).

Bei all den Widersprüchen in den christlichen Schriften gibt es heutzutage viele Menschen, die vom Verstand her das Christentum nicht mehr in der Form akzeptieren können, wie es in der Vergangenheit praktiziert wurde. Viele Menschen beginnen an der Existenz Gottes im herkömmlichen christlichen Wortsinn zu zweifeln. Deshalb nennen sie sich «christliche Atheisten». Zwar ist die christliche Bibel eine Ansammlung von Widersprüchen, aber was könnte widersprüchlicher sein als der Ausdruck «christlicher Atheist»?

Wenn selbst prominente Oberhäupter des christlichen Glaubens ihre ursprünglichen Interpretationen von Gott verwerfen, wie können sie von ihren Anhängern erwarten, daß diese an den althergebrachten religiösen Traditionen festhalten?

Bei all diesen Debatten, ob Gott tot ist oder nicht - wenn nicht, sollte er wenigstens eine gute LEBENSVERSICHERUNG haben!

DER GOTT, DEN DU RETTEST, KANNST DU SELBST SEIN

Alle Religionen geistiger Natur sind Erfindungen des Menschen. Allein mit seinem menschlichen Hirn hat er ein ganzes System von Göttern geschaffen. Da er ein Selbstbewußtsein besitzt und dieses nicht akzeptieren kann, verlagert er es nach außen in irgendeine große geistige Einrichtung, die er «Gott» nennt.

Gott darf all die Dinge tun, die dem Menschen verboten sind - wie Menschen töten, Wunder vollbringen, um seinen Willen zu befriedigen, Herrschen ohne irgendwelche sichtbare Verantwortung, usw. Wenn der Mensch einen solchen Gott braucht und ihn anerkennt, dann betet er ein Wesen an, das ein Mensch erfunden hat. Das bedeutet, ER BETET DEN MENSCHEN, DER DIESEN GOTT ERSCHAFFEN HAT, STELLVERTRETEND AN. Wäre es nicht viel vernünftiger, einen Gott anzubeten, den er selbst geschaffen hat in Übereinstimmung mit seinen eigenen emotionalen Bedürfnissen - einer, der am besten das fleischliche und physische Wesen verkörpert, das genug Vorstellungskraft besitzt, einen Gott *überhaupt zu erfinden*?

Wenn der Mensch darauf besteht, sein wahres Ich in der Form eines «Gottes» nach außen zu verlagern, warum fürchtet er dann sein wahres Ich, indem er «Gott» fürchtet - warum betet er sein wahres Ich an, in dem er «Gott» anbetet - warum bleibt er von «Gott» getrennt, UM SICH IN RITUELLER UND RELIGLIÖSER ZEREMONIE MIT IHM ZU VERBINDEN?

Der Mensch braucht Ritual und Dogma, aber kein Gesetz schreibt vor, daß ein *externer* Gott benötigt wird, um Rituale und Zeremonien im Namen eines Gottes durchzuführen! Könnte es sein, wenn er die Kluft zwischen sich und seinem «Gott» schließt, daß er den Dämon des Stolzes aufsteigen sieht - diese wahre Verkörperung Luzifers, die ihm dann erscheint? Er könnte sich nicht länger als zwei Teile ansehen, dem fleischlichen und dem geistigen, sondern würde merken, wie sie miteinander verschmelzen und dann zu seinem abgrundtiefen Entsetzen feststellen, daß beide nur fleischlich sind - UND ES IMMER WAREN! Dann wird er sich selbst entweder bis in den Tod hassen, Tag für Tag - oder sich daran erfreuen, daß er das ist, was er ist!

Wenn er sich selbst haßt, wird er neue und noch komplexere geistige Wege der «Erleuchtung» suchen, in der Hoffnung, sich wieder aufzuspalten bei seiner Suche nach noch stärkeren und entfernteren «Göttern», die seine jämmerliche Hülle geißeln sollen. Wenn er sich jedoch akzeptiert und erkennt, daß Ritual und Zeremonie wichtige Hilfsmittel waren, die seine erfundenen Religionen eingesetzt haben, um sein Vertrauen in eine Lüge aufrecht zu erhalten, dann kann DIESELBE ART VON RITUAL auch angewandt werden, um sein Vertrauen in die *Wahrheit* aufrechtzuerhalten - es ist derselbe primitive Prunk, aber er gibt dem Bewußtsein seines eigenen majestätischen Daseins Nahrung.

Wenn das religiöse Vertrauen in die Lügen verschwunden ist, dann hat dies den Grund, daß der Mensch sich selbst näherkommt und sich von «Gott» entfernt; dem Teufel näher ist. Wenn es das ist, was der Teufel darstellt, und wenn ein Mensch sein Leben im Tempel des Teufels lebt, mit der Kraft Satans in seinem Körper, dann entrinnt er entweder dem Gegacker und Genörgel der Gerechten, oder er steht stolz an seinen geheimen Orten auf der Erde und manipuliert die törichten Massen durch die ihm eigene satanische Macht, bis zu dem Tag, an dem er in voller Pracht erscheint und verkündet: «ICH BIN EIN SATANIST! VERNEIGT EUCH, DENN ICH BIN DIE HÖCHSTE VERKÖRPERUNG MENSCHLICHEN LEBENS!»

EINIGE ANHALTSPUNKTE FÜR EIN NEUES SATANISCHES ZEITALTER

Die sieben Todsünden der christlichen Kirche sind: Gier, Eitelkeit, Neid, Zorn, Gefräßigkeit, Wollust und Faulheit. Der Satanismus befürwortet jede dieser «Sünden», da sie alle zu körperlicher, geistiger oder emotionaler Befriedigung führen.

Ein Satanist weiß, daß nichts verkehrt daran ist, gierig zu sein, da es nur bedeutet, daß er mehr besitzen will, als er schon hat. Neid bedeutet, mit Wohlwollen auf den Besitz anderer zu blicken und den Wunsch zu haben, ähnliche Dinge auch zu bekommen. Neid und Gier stacheln den Ehrgeiz an - und ohne Ehrgeiz kann kaum etwas Bedeutendes erreicht werden.

Gefräßigkeit bedeutet einfach, mehr zu essen als man zum Leben braucht. Wenn du dich bis zur Fettleibigkeit überfressen hast, wird eine andere Sünde - die Eitelkeit - dich motivieren, wieder ein solches Aussehen anzustreben, daß deine Selbstachtung wiederhergestellt wird.

Jeder, der sich ein Kleidungsstück in anderer Absicht kauft, als seinen Körper damit zu bedecken und ihn vor den Naturgewalten zu schützen, macht sich der Eitelkeit schuldig. Satanisten treffen häufig auf Spötter, die behaupten, daß es nicht nötig sei, sich zu schmücken. Man muß diesen Verweigerern klarmachen, daß auch sie das eine oder andere Teil tragen, das nicht benötigt wird, um sich warmzuhalten. Es gibt keinen einzigen Menschen auf der Welt, der sich überhaupt nicht schmückt. Der Satanist kann anhand solcher Dekorationen beweisen, daß auch jeder Spötter eitel ist. So wortgewandt der Zyniker auch erklären mag, wie frei er ist, er wird doch immer die Elemente der Eitelkeit tragen.

Morgens ungern aufzustehen heißt, sich der Faulheit schuldig zu machen, und wenn du lange genug im Bett liegst, wirst du dich gleich bei der nächsten Sünde ertappen - der Wollust. Das kleinste Gefühl von Erregung zu empfinden bedeutet schon, sich der Wollust schuldig zu machen. Um den Fortbestand der Menschheit zu sichern, machte die Natur die Lust zum wichtigsten Instinkt nach der Selbsterhaltung. Als die christliche Kirche dies bemerkte, erklärte sie die Unzucht zur «Erbsünde» und stellte somit sicher, daß niemand dieser Sünde entgehen kann. Daß du am Leben bist, ist also das Ergebnis einer Sünde - der ***Erbsünde***!

Der stärkste Instinkt jedes Lebewesens ist der Selbsterhaltungstrieb, welcher uns zu der letzten der sieben Todsünden bringt - dem Zorn! Ist es nicht unser Selbsterhaltungstrieb, der geweckt wird, wenn uns jemand ein Leid zufügt und wir so zornig werden, daß wir uns vor einem weiteren Angriff schützen? Ein Satanist handelt nach dem Motto: «Schlägt dir jemand auf die eine Wange, ***schlage ihn*** auf die andere!» Laß kein Unrecht ungerächt! Sei wie ein Löwe auf der Jagd - sei gefährlich, auch in der Niederlage!

Wenn die natürlichen Triebe den Menschen zur Sünde verleiten, dann sind alle Menschen Sünder; und alle Sünder kommen in die Hölle. Wenn jeder in die Hölle kommt, dann trifft er dort alle seine Freunde wieder. Der Himmel ist demnach nur mit einigen wenigen Wesen bevölkert, die ziemlich seltsam sein müssen, wenn sie nur dafür gelebt haben, einen Platz zu bekommen, an dem sie für immer auf Harfen klimpern dürfen.

Die Zeiten haben sich geändert. Religiöse Führer predigen nicht länger, daß alle unsere natürlichen Handlungen sündhaft sind. Wir glauben nicht mehr, daß Sex schmutzig ist - oder daß es eine Schande ist, stolz auf sich zu sein - oder daß es lasterhaft ist, etwas haben zu wollen, das ein anderer hat. Natürlich nicht, denn die Zeiten haben sich geändert! Wenn du einen Beweis dafür willst, dann schau dir nur an, wie liberal die Kirchen geworden sind. Warum? Sie praktizieren genau das, was du predigst!

Satanisten hören immer wieder solche und ähnliche Aussagen; und sie stimmen aus vollem Herzen zu. ABER wenn die Welt sich so sehr verändert hat, warum sollte man dann weiterhin nach dem Strohhalm eines aussterbenden Glaubens greifen? Wenn so viele Religionen ihre eigenen Schriften verneinen, weil sie nicht mehr aktuell sind und stattdessen die

Philosophien des Satanismus predigen, warum nennen sie ihn dann nicht bei seinem richtigen Namen - Satanismus? Das wäre auf jeden Fall weniger geheuchelt.

In den letzten Jahren hat man versucht, das geistige Konzept des Christentums menschennäher zu gestalten. Das sieht man an ganz offensichtlich ungeistigen Mitteln. Messen, die früher in Latein gehalten wurden, werden jetzt in einheimischen Sprachen gelesen, was jedoch nur dazu führt, daß man den Unsinn leichter durchschaut, und es beraubt gleichzeitig die Zeremonie des esoterischen Charakters, der zu den Inhalten der Glaubenssätze gehört. Man kann viel leichter Emotionen mit unverständlichen Worten und Sätzen wecken als mit Aussagen in einer verständlichen Sprache, die selbst der Einfältigste versteht und hinterfragen wird.

Hätten die Priester und Pfarrer vor hundert Jahren versucht, ihre Kirchen durch Maßnahmen zu füllen, wie sie heute angewandt werden, so hätten sie sich der Ketzerei schuldig gemacht, man hätte sie als Teufel bezeichnet und sie wären vielfach verfolgt , auf jeden Fall aber ohne zu zögern exkommuniziert worden.

Die frommen Eiferer jammern «Wir müssen mit der Zeit mithalten», und vergessen dabei, daß bedingt durch die Schranken und die tief verwurzelten Gesetze der Weißlicht-Religionen *niemals* ausreichend Änderungen vorgenommen werden können, um den Bedürfnisse der Menschen zu entsprechen.

Die alten Religionen haben immer nur die geistige Wesensart des Menschen berücksichtigt und sich kaum oder gar nicht um seine körperlichen oder irdischen Bedürfnisse gekümmert. Sie haben dieses Leben nur als Durchgangsstation und das Fleisch lediglich als Hülle angesehen; physische Freuden als unbedeutend und Schmerz als Vorbereitung auf das «Königreich Gottes». Wie deutlich wird doch diese ganze Heuchelei, wenn die «Gerechten» Veränderungen an ihrer Religion vornehmen müssen, um mit der natürlichen Veränderung des Menschen mitzuhalten! Der einzige Weg, das Christentum den Bedürfnissen des Menschen vollkommen anzupassen ist, so zu werden, wie der Satanismus JETZT ist!

Eine NEUE Religion ist notwendig, eine, die auf den natürlichen Trieben des Menschen basiert. Diese Religion hat einen Namen. Sie heißt Satanismus. Und diese verpönte Kraft ist es, die die religiöse Kontroverse über die Geburtenkontrolle ausgelöst hat - eine mürrisches Zugeständnis, daß sexuelle Handlungen aus Lust ihre Existenzberechtigung haben.

Es ist der «Teufel», der die Frauen dazu bringt, ihre Beine zu zeigen, um die Männer zu reizen - dieselben Beine, die man heutzutage sogar bei jungen Nonnen betrachten darf, die in ihren kürzer gewordenen Kleidern herumlaufen. Welch reizvoller Schritt in die rechte (oder linke) Richtung! Werden wir bald Nonnen «oben ohne» sehen können, die ihre Körper lustvoll zum «Missa Solemnis-Rock» schwingen? Satan lächelt und sagt, daß ihm das sehr gefallen würde - schließlich sind viele Nonnen sehr hübsch und haben schöne Beine.

Viele Kirchen, besonders die mit den größten Gemeinden, haben ausgesprochen sinnliche Musik, die zum Mitklatschen anregt, - sind also auch satanisch inspiriert. Der Teufel hat schon immer die besten Lieder gekannt.

Kirchliche Picknickveranstaltungen sind trotz Tante Emmas Gerede über die großzügige Ernte des Herrn nichts anderes als eine gute Ausrede für sonntägliche Freßorgien; und jeder weiß, daß in den Büschen weit mehr passiert als nur Bibellesungen!

Die Basare, auf denen Geld für die Kirche eingenommen werden soll, gleichen oft einem Volksfest (englisch carnival Anm.d.Übers.). Ein Karneval war eine Feier des Fleisches. Heutzutage wird eine solche Veranstaltung toleriert, weil das Geld der Kirche zufließt, die dann damit gegen dieVersuchungen des Teufels predigen kann! Sie sagen, daß diese Dinge nur heidnische Bräuche und Zeremonien sind - die die Christen sich lediglich für ihre Zwecke ausgeliehen haben. Das stimmt, aber die Heiden genossen die Freuden des Fleisches in vollen Zügen, und wurden dafür von genau den Leuten verurteilt, die ihre Rituale zelebrieren, aber sie anders nennen.

Priester und Pfarrer marschieren an der Spitze von Friedensdemonstrationen und legen sich auf die Eisenbahnschienen vor Züge mit Kriegsmaterial mit der gleichen Hingabe, mit der ihre geistlichen Brüder aus den gleichen Seminaren die Kugeln, Bomben und Soldaten als Kaplane in den Streitkräften segnen. Irgend etwas muß hier falsch laufen. Könnte es sein, daß Satan dazu befähigt ist, als Ankläger aufzutreten? Sie haben ihn tatsächlich so genannt!

Wenn ein Welpe heranwächst, wird er zum Hund; wenn Eis schmilzt, nennt man es Wasser; wenn zwölf Monate vorüber sind, kaufen wir uns einen neuen Kalender mit der richtigen chronologischen Bezeichnung; wenn «Magie» zur wissenschaftlichen Tatsache wird, sprechen wir von Medizin, Astronomie usw. Wenn eine Bezeichnung nicht mehr zu einer bestimmten Sache paßt, ist es logisch, ihr einen Namen zu geben, der sie besser beschreibt. Warum bekennen wir dann nicht Farbe bei der Religion? Warum sollte man eine Religion beim alten Namen nennen, wenn die Inhalte dieser Religion nicht mehr mit den ursprünglichen übereinstimmen? Oder aber, wenn die Religion dieselben Dinge predigt wie gehabt, ihre Anhänger jedoch so gut wie keine ihrer Lehren mehr praktizieren, warum nennen sie sich dann immer noch Anhänger dieser Religion?

Wenn du nicht daran glaubst, was Deine Religion lehrt, warum solltest du dann weiterhin einen Glauben unterstützen, der im Widerspruch zu Deinen Gefühlen steht? Du würdest nie jemanden wählen, an den du nicht glaubst, warum also gilt deine kirchliche Wahl einer Religion, die nicht im Einklang mit deiner Überzeugung steht? Du würdest niemals für eine Person oder ein Thema stimmen, wenn du nicht damit einverstanden bist, warum solltest du dein kirchliches Stimmrecht ausüben für eine Religion, die nicht deinen Vorstellungen entspricht? Du hast kein Recht, dich über eine politische Situation zu beschweren, wenn du sie selbst gewählt oder in irgendeiner Form unterstützt hast - das schließt auch ein, sich zurückzulehnen und selbstzufrieden den Nachbarn, die mit dieser Situation einverstanden sind, zuzustimmen, nur weil du zu faul oder zu feige bist, deine Meinung zu sagen. Genauso ist es mit der Wahl der Religion. Auch wenn du nicht völlig offen deine Meinung sagen kannst wegen negativer Folgen beim Arbeitgeber, bei Behörden etc., kannst du wenigstens ehrlich gegenüber dir selbst sein.

Im Privatbereich deines eigenen Heimes und bei deinen besten Freunden *mußt* du die Religion unterstützen, der DEINE Interessen am meisten am Herzen liegen.

«Der Satanismus hat eine sehr vernünftige Grundlage», sagen die Emanzipierten. «Aber warum nennt man ihn Satanismus? Warum nicht irgend etwa so wie 'Humanismus', oder etwas, das nach Hexentum klingt, mehr esoterisch - weniger kraß?» Dafür gibt es mehr als einen Grund. Humanismus ist keine Religion. Es ist nur eine Art zu leben , ohne Zeremonie oder Dogma. Satanismus aber hat beides, Zeremonie und Glaubenslehre. Und Dogma ist notwendig, wie später noch erläutert wird.

Der Satanismus unterscheidet sich von allen anderen sogenannten Weißlicht- oder magischen Gruppen, und «Weißen»-Hexenzirkeln, die es heute auf der Welt gibt. Diese selbstgerechten und hochmütigen Religionen beteuern, daß *ihre* Mitglieder die Kräfte der Magie nur aus Nächstenliebe einsetzen. Satanisten blicken mit Verachtung auf weißmagische Gruppen, weil sie fühlen, daß Nächstenliebe eine Versündigung gegen gegen den festgelegten Lebensplan ist. Es ist unnatürlich, nicht das Bedürfnis zu haben, Sachen für sich selbst zu erreichen.

Der Satanismus stellt eine Art kontrollierter Selbstsucht dar. Damit ist nicht gemeint, daß man nie etwas für einen anderen tut. Wenn du etwas tust, um jemanden, der dir viel bedeutet, glücklich zu machen, wird seine Freude dir ein Gefühl der Befriedigung geben geben.

Der Satanismus befürwortet eine abgewandelte Form der Goldenen Regel. Unsere Interpretation dieser Regel lautet: «Tue anderen, was sie dir tun; denn wenn du «anderen tust, was du gern hättest, daß sie dir tun» und sie dich daraufhin schlecht behandeln, so ist es wider die menschliche Natur, weiterhin rücksichtsvoll zu ihnen zu sein. Du solltest anderen tun, wie du möchtest, daß sie dir tun, aber wenn deine Höflichkeit nicht erwidert wird, sollten sie mit dem Zorn, den sie verdienen, behandelt werden.

Weißmagische Gruppen sagen, wenn jemand einen Fluch aussendet, kommt dieser dreifach zu ihm zurück, nistet sich bei ihm ein oder in fällt irgendeiner Form als Boomerang auf den Absender zurück. Das ist ein nur weiterer Beweis für die schuldgeplagte Philosophie dieser neo-paganistischen, pseudochristlichen Gruppen. Weiße Hexen wollen sich im Hexentum üben, können sich aber nicht von dem Stigma lösen, das an ihm haftet. Darum nennen sie sich weiße Magier und stützen fünfundsiebzig Prozent ihrer Philosophie auf die abgenutzten, abgedroschenen Lehren des Christentums. Jeder, der behauptet, an Magie und Okkultismus aus einem anderen Grund als dem der persönlichen Machterlangung, interessiert zu sein, ist der schlimmste Heuchler. Der Satanist respektiert das Christentum wenigstens deshalb, weil es in seiner schuldbehafteten Philosophie konsequent ist, kann aber nur Verachtung empfinden für Menschen, die sich angeblich von dem Schuldgefühl befreit haben, indem sie sich einem Hexenzirkel anschließen und dann dieselben philosophischen Grundlagen praktizieren wie das Christentum.

Weiße Magie wird angeblich nur für gute oder uneigennützige Zwecke eingesetzt, und Schwarze Magie, so heißt es, nur aus selbstsüchtigen oder «bösen» Beweggründen. Der Satanismus kennt keine solche Trennung. Magie ist Magie, ob sie nun eingesetzt wird, um zu helfen oder zu schaden. Der Satanist als Magier sollte die Fähigkeit besitzen, zu entscheiden was richtig ist, und dann die Kräfte der Magie einsetzen, um seine Ziele zu erreichen.

Während weißmagischer Zeremonien stehen die Teilnehmer inmitten eines Pentagramms, um sich vor den «bösen» Kräften zu schützen, die sie um Hilfe anrufen. Dem Satanisten erscheint es einigermaßen unaufrichtig, diese Kräfte zu rufen, wenn man sich gleichzeitig vor ihnen schützt. Er weiß, daß er die Kräfte der Dunkelheit nur dann wirksam und ehrlich zu seinem Vorteil einsetzen kann, wenn er sich mit ihnen verbündet.

Bei einer satanischen magischen Zeremonie tanzen die Teilnehmer *nicht* händchenhaltend «Ringelreihen» im Kreis; verbrennen *keine* Kerzen in verschiedenen Farben für unterschiedliche Wünsche; rufen *nicht* die Namen von «Vater, Sohn und heiligem Geist» an, während sie angeblich die Schwarzen Künste praktizieren; sie wählen sich *keinen* «Heiligen» als persönlichen

Führer zur Lösung ihrer Probleme; sie tauchen sich ***nicht*** in Duftöle, in der Hoffnung, daß das Geld dann vom Himmel falle; sie meditieren ***nicht***, um zu einem «großen geistigen Erwachen» zu kommen; sie rezitieren ***keine*** endlosen Zaubersprüche, in denen der Name «Jesus» der guten Ordnung halber alle paar Worte lang vorkommt, und so weiter und so fort.

DENN DAS IST NICHT die Art, wie satanische Magie praktiziert wird. Wer sich nicht von heuchlerischer Selbsttäuschung befreien kann, wird niemals ein erfolgreicher Magier, geschweige denn ein Satanist werden.

Die satanische Religion hat die Münze nicht nur ein bißchen angehoben, sie hat sie komplett umgedreht. Warum sollte sie also Prinzipien unterstützen, die sie komplett ablehnt und sich anders bezeichnen als mit dem Namen, der die im Gegensatz dazu stehenden Doktrinen der satanischen Philosophie am besten trifft? Der Satanismus ist keine Weißlicht-Religion; er ist eine Religion des Fleisches, des Irdischen, Körperlichen - und all dies wird von Satan regiert, der Verkörperung des Pfades zur Linken.

Unvermeidlich kommt als nächste Frage: «Zugegeben, man kann ihn nicht Humanismus nennen, weil Humanismus keine Religion ist, aber warum braucht man dann überhaupt eine Religion, wenn alles, was ihr macht, sowieso von Natur aus geschieht? Warum kann man es nicht einfach *so* tun?

Der moderne Mensch hat einen langen Weg hinter sich; er wurde von den unsinnigen Dogmen vergangener Religionen ernüchtert. Wir leben in einem Zeitalter der Aufklärung. Die Psychatrie hat große Anstrengungen unternommen, um den Menschen über seine wirkliche Persönlichkeit aufzuklären. Wir leben in einem Zeitalter eines intellektuellen Bewußtseins, wie es die Welt noch nie gesehen hat.

Das ist alles schön und gut, ABER - es gibt einen Haken bei diesem neuen Geisteszustand. Etwas vom Verstand her zu akzeptieren, ist das eine, aber es ist etwas völlig anderes, etwas auch vom Gefühl her zu akzeptieren. Ein Bedürfnis, das die Psychiatrie nicht erfüllen kann, ist das dem Menschen angeborene Bedürfnis nach Gefühlsregungen durch Dogma. Der Mensch braucht Zeremonien und Rituale, Phantasie und Bezauberung. Die Psychiatrie hat, trotz allem Positiven, das sie erreicht hat, den Menschen der Wunder und der Phantasie beraubt, die früher von der Religion bereitgehalten wurden.

Der Satanismus hat die heutigen Bedürfnisse der Menschen erkannt und füllt die große graue Leere zwischen Religion und Psychiatrie. Die satanische Philosophie ***verbindet*** die Grundlagen der Psychologie mit guten, ehrlichen Gefühlsregungen bzw. Dogma. Sie versorgt den Menschen mit der Phantasie, die er so nötig braucht. Es ist nichts falsch an Dogmen, vorausgesetzt sie basieren nicht auf Ideen oder Handlungen, die völlig gegen die menschliche Natur verstoßen.

Der kürzeste Weg, zwischen zwei Punkten ist eine Gerade. Wird alle Schuld, die sich angesammelt hat, in Vorteile umgewandelt, so entfällt die Notwendigkeit der intellektuellen Reinigung der Psyche von solchen Zwängen. Der Satanismus ist die einzige bekannte Religion, die den Menschen so akzeptiert wie er ist, und den Grundsatz unterstützt, das Schlechte in Gutes umzuwandeln, anstatt sich zu verbiegen, um das Schlechte auszulöschen.

Wenn du also deine Probleme mit dem gesunden Menschenverstand analysiert hast und berücksichtigst, was uns die Psychiatrie lehrt, und du dich ***trotzdem*** nicht von ungerechtfertigter Schuld lösen und deine Theorien in die Tat umsetzen kannst, dann solltest du lernen, deine Schuld für dich arbeiten zu lassen. Du solltest dich nach deinen natürlichen Instinkten richten, und wenn du das nicht kannst, ohne dich schuldig zu fühlen, dann schwelge in deiner Schuld. Das hört sich vielleicht wie ein Widerspruch an, aber wenn du darüber nachdenkst, kann Schuld auch als Anregung für die Sinne dienen. Die Erwachsenen täten gut daran, sich von den Kindern eine Lektion erteilen lassen. Kinder haben oft große Freude daran, Dinge zu tun, die sie nicht tun sollen.

Ja, die Zeiten haben sich geändert, aber der Mensch nicht. Die Grundlagen des Satanismus haben schon immer existiert. Das einzig ***wirklich*** Neue daran ist die formelle Organisation einer Religion, die auf den grundlegenden Charaktereigenschaften der Menschen beruht. Über die Jahrhunderte hinweg wurden prachtvolle Bauten aus Stein, Beton, Mörtel und Stahl der menschlichen Abstinenz gewidmet. Es ist höchste Zeit, daß die Menschen aufhören, sich selbst zu bekämpfen und stattdessen ihre Zeit dem Bau von Tempeln der Sinnesfreude widmen.

Auch wenn die Zeiten sich geändert haben und immer ändern werden, bleibt der Mensch im Grunde derselbe. Zweitausend Jahre lang tat der Mensch Buße für etwas, für das er sich überhaupt nicht hätte schuldig fühlen müssen. Wir haben es satt, uns die Freuden des Lebens zu versagen, die uns zustehen. Wie früher braucht auch der Mensch von heute die Freude am Hier und Jetzt, anstatt auf seine Belohnung im Himmelreich zu warten. Warum sollte man also keine Religion haben, die auf Sinnesfreude beruht? Sie steht auf jeden Fall im Einklang mit dem Wesen des Tieres. Wir sind nicht länger demütige Schwächlinge, die vor einem ungnädigen Gott zittern, dem es egal ist, ob wir leben oder sterben. Wir sind selbstbewußte, starke Menschen - wir sind Satanisten!

DIE HÖLLE, DER TEUFEL UND WIE MAN SEINE SEELE VERKAUFT

Satan ist mit Sicherheit der beste Freund, den die Kirche jemals gehabt hat, denn er hat sie die ganzen Jahre über am Leben erhalten! Die falsche Lehre von Hölle und Teufel hat es den protestantischen und katholischen Kirchen schon viel zu lange möglich gemacht, Erfolg zu haben. Wenn die frommen Eiferer des Pfades zur Rechten nicht mit dem Finger auf den Teufel zeigen könnten, hätten sie nichts, womit sie ihre Anhänger einschüchtern könnten. «Satan führt Euch in Versuchung»; «Satan ist der Prinz des Bösen», «Satan ist bösartig, grausam, brutal», warnen sie. «Wenn ihr der Versuchung des Teufels nachgebt, werdet ihr garantiert in alle Ewigkeit verdammt sein und in der Hölle schmoren.»

Die Bedeutung des Wortes Satan ist «Gegner» oder «Widersacher» oder «Ankläger». Das eigentliche Wort «Teufel» stammt vom indischen Wort «Devi» ab und heißt soviel wie «Gott». Satan bedeutet Widerstand gegen alle Religionen, die den Menschen frustrieren und wegen seiner natürlichen Instinkte verurteilen. Ihm wurde immer nur deshalb die Rolle des Bösen zugeteilt, weil er die fleischlichen, weltlichen und profanen Aspekte des Lebens verkörpert.

Satan, der Oberteufel der westlichen Welt, war anfangs ein Engel, dessen Aufgabe es war, menschliche Straftaten Gott vorzutragen. Erst im 14 Jahrhundert wurde er als eine böse Gottheit dargestellt, die halb Mensch und halb Tier war, mit bocksartigen Hörnern und Hufen. Bevor das Christentum ihm den Namen Satan, Luzifer etc. gab, wurde die fleischliche Seite des Menschen von einem Gott beherrscht, der von den Griechen Dionysos oder Pan genannt wurde und als Satyr oder Faun dargestellt wurde. Pan war ursprünglich der «nette Kerl» und symbolisierte Fruchtbarkeit und Befruchtung.

Immer wenn ein Land eine neue Regierung bekommt, werden aus den

Helden der Vergangenheit die Schurken der Gegenwart. Ebenso ist es mit der Religion. Die ersten Christen glaubten, daß die Götter der Heiden Teufel waren, und es war «Schwarze Magie», sich ihrer zu bedienen. Wundersame himmlische Ereignisse nannten sie «Weiße Magie», das war der einzige Unterschied zwischen den beiden. Die alten Götter starben nicht, sondern sie kamen in die Hölle und wurden zu Teufeln. Der Kobold, Gnom oder Butzemann, der benutzt wurde, um Kinder einzuschüchtern, stammt vom slavischen «Bog» ab, was soviel wie «Gott» bedeutet, ebenso wie Bagha in Hindu.

Viele Vergnügungen, die man vor dem Aufkommen des Christentums schätzte, wurden von der neuen Religion verdammt. Es waren nur wenige Veränderungen notwendig, um die Hörner von Pan und seine gespaltenen Hufe in einen überzeugenden Teufel zu verwandeln! Pan`s Merkmale konnten geschickt gedeutet werden als « mit sträflichen Sünden beladen», und schon war die Metamorphose komplett.

Der Vergleich des Teufels mit der Ziege stammt aus der christlichen Bibel, wo der heiligste Tag des Jahres, der Tag der Buße, begangen wurde, indem man zwei Ziegen «ohne Makel» aussuchte, von denen eine dem Herrn und die andere Azazel geopfert wurde. Die Ziege, die mit den Sünden der Menschen beladen war, wurde in die Wüste getrieben und zum «Sündenbock». Das ist der Ursprung des Ziegenbocks, der immer noch in Logen eingesetzt wird wie seinerzeit in Ägypten, wo er einmal im Jahr einem Gott geopfert wurde.

Die Menschheit kennt viele Teufel mit unterschiedlichen Ursprüngen. Zur Durchführung eines satanischen Rituals gehört ***nicht*** das Herbeirufen von Dämonen; von dieser Praxis machen nur diejenigen Gebrauch, die Angst vor den wahren Kräften haben, die sie beschwören. Von Dämonen wird angenommen, daß sie bösartige Geister sind, mit Eigenschaften, die zur Verschlechterung der Menschen oder Situationen, auf die sie treffen, beitragen. Das griechische Wort «Dämon» bedeutete ursprünglich «Schutzgeist» oder Quelle der Inspiration, und um sicherzugehen, erfanden spätere Theologen ganze Legionen solcher Vorboten der Inspiration - und alle waren sie bösartig.

Ein Hinweis auf die Feigheit der «Magier» des Pfades zur Rechten ist die Praxis, einen bestimmten Dämonen (von dem vermutet wird, daß er ein Günstling des Teufels ist), anzurufen, um ihm seine Wünsche vorzutragen. Die Überlegung hierbei ist, daß ein Dämon, der nur ein Lakai des Teufels ist, leichter zu kontrollieren ist. In okkulten Überlieferungen wird gesagt, daß nur extrem gut «geschützte» oder völlig leichtsinnige, verwegene Zauberer versuchen würden, den Teufel persönlich zu anzurufen.

Der Satanist ruft nicht verstohlen nach diesen «minderen» Teufeln, sondern beschwört dreist diejenigen, die diesem höllischen Heer ständigen Skandals angehören - ***die Teufel selbst***!

Wie man sich vorstellen kann, haben die Theologen einige Namen von Teufeln in ihrer Dämonenliste katalogisiert. Die nachstehende Aufstellung dagegen enthält die wirkungsvollsten Namen für ein satanisches Ritual. Dies sind die Namen und Ursprünge der angerufenen Götter und Göttinnen, die einen großen Teil der Bewohner des königlichen Palastes der Hölle ausmachen:

DIE VIER KRONPRINZEN DER HÖLLE

SATAN - (hebräisch) Widersacher, Gegner, Ankläger, Herr des Feuers, das Inferno, der Süden

LUZIFER - (römisch) Lichtbringer, Erleuchtung, die Luft, der Morgenstern, der Osten

BELIAL - (hebräisch) ohne Gebieter, Niedertracht der Erde, Unabhängigkeit, der Norden

LEVIATHAN - (hebräisch) die Schlange aus den Tiefen, das Meer, der Westen

DIE HÖLLISCHEN NAMEN

ABADDON - (Hebräisch) Der Zerstörer
ADRAMELECH - Samarianischer Teufel
AHPUCH - Teufel der Maya
AHRIMAN - Mazdaistischer Teufel
AMON - Ägyptischer, widderköpfiger Gott des Lebens und der Fortpflanzung
APOLLYON - Griechisches Synonym für Satan, der Erzteufel
ASMODEUS - Hebräischer Teufel der Sinnlichkeit und des Luxus, ursprünglich «Geschöpf der Gerichtsbarkeit»
ASTAROTH - Phönizische Göttin der Laszivität, entspricht der babylonschen Ishtar
AZAZEL - (Hebräisch) Lehrte die Menschen, Kriegsgerät herzustellen und führte die Kosmetik ein
BAALBERITH - Kanaanitischer Herr des Bundes, der später zum Teufel gemacht wurde
BALAAM - Hebräischer Teufel des Geizes und der Gier
BAPHOMET - Von den Tempelrittern als Symbol für Satan verehrt
BAST - Ägyptische Göttin der Freude, dargestellt als Katze
BEELZEBUB- (Hebräisch) Herr der Fliegen, vom Symbol des Skarabäus übernommen
BEHEMOTH - Hebräische Verkörperung Satans in Form eines Elefanten
BEHERIT - Syrischer Name für Satan
BILÉ - Keltischer Gott der Hölle
CHEMOSH - Nationaler Gott der Moabiter, später ein Teufel
CIMERIES - Reitet ein schwarzes Pferd und beherrscht Afrika
COYOTE - Indianischer Teufel
DAGON- Philistischer Racheteufel des Meeres
DAMBALLA - Voodoo Schlangengöttin
DEMOGORGON - griechischer Name des Teufels; von dem man sagt, daß Sterbliche ihn nicht kennen sollten
DIABOLUS - (Griechisch) «abwärts fließend»
DRACULA - Rumänischer Name für Teufel
EMM-O - Japanischer Herrscher der Hölle
EURONYMOUS - Griechischer Prinz des Todes
FENRIZ - Sohn des Loki, dargestellt als Wolf
GORGO - Verkleinerungsform von Demogorgon, griechischer Name des Teufels
HABORYM - Hebräisches Synonym für Satan
HECATE - Griechische Göttin der Unterwelt und des Hexenwesens
ISHTAR - Babylonische Göttin der Fruchtbarkeit
KALI - (Hindi) Tochter von Shiva, Hohepriesterin der Thuggees
LILITH - Hebräischer weiblicher Teufel, Adams erste Frau, die ihm die Augen öffnete
LOKI - Teutonischer Teufel
MAMMON - Aramäischer Gott des Wohlstands und Profits

MANIA - Etruskische Göttin der Hölle
MANTUS - Etruskischer Gott der Hölle
MARDUK - Gott der Stadt Babylon
MASTEMA - Hebräisches Synonym für Satan
MELEK TAUS - Teufel der Yezidi
MEPHISTOPHELES - (Griechisch) Der, welcher das Licht meidet (siehe Faust)
METZTLI -Aztekische Göttin der Nacht
MICTIAN - Aztekischer Gott der Nacht
MIDGARD - Sohn von Loki, dargestellt als Schlange
MILCOM - Ammonitischer Teufel
MOLOCH - Phönizischer und kanaanitischer Teufel
MORMO - (Griechisch) König der Ghule, Gemahl von Hecate
NAAMAH - Hebräischer weiblicher Teufel der Verführung
NERGAL - Babylonischer Gott des Hades
NIHASA - Indianischer Teufel
NIJA - Polnischer Gott der Unterwelt
O-YAMA - Japanischer Name für Satan
PAN - Griechischer Gott der Lust, später zum Teufel umgewandelt
PLUTO - Griechischer Gott der Unterwelt
PROSERPINE - Griechische Göttin der Unterwelt
PWCCA - Walisischer Name für Satan
RIMMON - Syrischer Teufel, der in Damaskus verehrt wird
SABAZIOS - Phrygischer Herkunft, identisch mit Dionysos, Schlangenverehrung
SAITAN - Henochisch für Satan
SAMMAEL (Hebräisch) - «Gift Gottes»
SAMNU - Zentralasiatischer Teufel
SEDIT - Indianischer Teufel
SEKHMET - Ägyptische Rachegöttin
SET - Ägyptischer Teufel
SHAITAN - Arabischer Name für Satan
SHIVA - (Hindi) - Der Zerstörer
SUPAY - Inka-Gott der Unterwelt
T`AN-MO - Chinesisches Gegenstück zum Teufel, Begehrlichkeit, Verlangen
TCHORT - Russischer Name für Satan, «schwarzer Gott»
TEZCATLIPOCA - Aztekischer Gott der Hölle
THAMUS - Sumerischer Gott, der später zum Teufel umgewandelt wurde
THOTH - Ägyptischer Gott der Magie
TUNRIDA - Skandinavischer weiblicher Teufel
TYPHON - Griechische Verkörperung von Satan
YAOTZIN - Aztekischer Gott der Hölle
YEN-LO-WANG - Chinesischer Herrscher der Hölle

Die Teufel vergangener Religionen trugen immer, zumindest teilweise, tierische Wesenszüge, ein Beweis dafür, daß der Mensch ständig das Bedürfnis hat zu leugnen, daß auch er ein Tier ist. Denn wenn er es zugeben würde, wäre das einen schlimmen Schlag gegen sein armseliges Selbstbewußtsein.

Das Schwein wurde von den Juden und Ägyptern verachtet. Es symbolisierte die Götter Frey, Osiris, Adonis, Persephone, Attis und Demeter und wurde Osiris und dem Mond geopfert. Aber mit der Zeit wurde es zu einem Teufel degradiert. Die Phönizier verehrten einen Fliegen-Gott, Baal, von dem der Teufel Beelzebub stammt. Baal und Beelzebub sind identisch mit dem Mistkäfer oder Skarabäus der Ägypter, der sich offenbar selbst wiedererwecken konnte, wie Phoenix, der mystische Vogel, der aus seiner Asche aufstieg. Aufgrund ihrer Verbindungen zu den Persern glauben die alten Juden, daß die zwei großen Mächte der Welt Ahura-Mazda, der Gott des Feuers, des Lichtes, des Lebens und der Güte sowie Ahriman, die Schlange, der Gott der Finsternis, der Zerstörung, des Todes und des Bösen waren. Diese und zahllose andere Beispiele stellen nicht nur die Teufel der Menschen als Tiere dar, sondern zeigen auch sein Bedürfnis, die ursprünglichen Tiergötter zu opfern und zu seinen Teufeln zu degradieren.

In der Zeit der Reformation, dem 16. Jahrhundert, entdeckte der Alchimist Dr. Johann Faustus eine Methode, einen Dämon - Mephistopheles - aus der Hölle zu rufen, und einen Pakt mit ihm zu schließen. Er unterzeichnete mit Blut einen Vertrag, in dem er seine Seele Mephistopheles für das Gefühl der Jugend verschrieb, und wurde daraufhin sofort wieder jung. Als für Faustus die Zeit zum Sterben kam, zog er sich in sein Zimmer zurück und zerbarst dort in Stücke, als ob sein Laboratorium explodiert sei. Diese Geschichte ist ein Protest der damaligen Zeit gegen die Wissenschaft, Chemie und Magie.

Um Satanist zu werden, braucht man nicht seine Seele dem Teufel zu verkaufen oder einen Pakt mit Satan zu schließen. Diese Drohung wurde vom Christentum erfunden, um die Menschen einzuschüchtern, damit sie sich nicht von der Herde entfernen. Mit drohendem Finger und zitternder Stimme lehrten sie ihre Anhänger, daß sie, wenn sie sich den Versuchungen Satans hingeben und ihr Leben entsprechend ihren natürlichen Neigungen leben würden, für ihre sündhaften Vergnügungen bezahlen müßten, indem sie ihre Seele an Satan verkaufen und für alle Ewigkeit in der Hölle schmoren würden. Die Menschen wurden dazu gebracht zu glauben, daß eine reine Seele eine Fahrkarte zum ewigen Leben sei.

Fromme Propheten haben den Menschen gelehrt, Satan zu fürchten. Aber was sollen Begriffe wie «gottesfürchtig»? Wenn Gott so barmherzig ist, warum müssen die Menschen ihn dann fürchten? Müssen wir glauben, daß es nichts gibt, wohin wir vor der Angst entfliehen können? Wenn man Gott fürchten mußt, warum dann nicht auch «satansfürchtig» sein und dabei noch seinen Spaß haben, weil man sich die Gottesfürchtigkeit verkneift? Ohne eine solche generelle Furcht hätten die frommen Eiferer nichts in der Hand, um auf ihre Anhänger Druck auszuüben.

Die teutonische Göttin des Todes und Tochter des Loki hieß ***Hel***, ein heidnischer Gott der Qual und Bestrafung. Ein weiteres «L» wurde hinzugefügt, als die Bücher des Alten Testaments geschrieben wurden. Die Propheten, die die Bibel schrieben, kannten das Wort «Hell» nicht; sie verwandten das hebräische Wort ***Sheol*** und das griechische ***Hades***, was soviel hieß wie Grab; und auch das griechische ***Tartaros***, Aufenthaltsort der gefallenen Engel, die Unterwelt (unter der Erde) und ***Gehenna***, ein Tal in der Nähe von Jerusalem, wo Moloch herrschte und Abfall ausgekippt und verbrannt wurde. Von daher kommt die Idee der christlichen Kirche von «Feuer und Schwefel» in der Hölle.

Die protestantische und die katholische Hölle sind Plätze der ewigen Bestrafung; allerdings glauben die Katholiken auch, daß es ein «Fegefeuer» gibt, in dem alle Seele eine Zeit lang schmoren müssen und eine Art «Zwischenhölle», wo die ungetauften Seelen hinkommen. Die buddhistische Hölle ist in acht Abschnitte unterteilt, wobei die ersten sieben sind zum Büßen da sind. Die kirchliche Beschreibung der Hölle ist die eines gräßlichen Ortes des Feuers und der Qual; in Dante's ***Inferno***. In nördlichen Klimazonen dachte man, die Hölle sei eine eiskalte Gegend, ein riesiger Kühlschrank.

(Trotz all ihren Drohungen mit ewiger Verdammnis und Seele-Rösten sind die christlichen Missionare auf einige Leute gestoßen, die ihr Gefasel nicht so leicht schluckten. Lust und Leid sind genau wie Schönheit eine Ansichtssache. Als sich die Missionare nach Alaska wagten und die Eskimos vor den Schrecken der Hölle und dem Flammenmeer, das auf Missetäter wartete, warnten, fragten diese begierig: «Wie können wir dort hinkommen?»!)

Die meisten Satanisten sehen Satan nicht als anthropomorphes Wesen mit gespaltenen Hufen, Schwanz mit Widerhaken und Hörnern. Er repräsentiert lediglich eine Naturkraft - die Kräfte der Finsternis, - die nur deshalb so heißen, weil keine Religion diese Kräfte je aus der Dunkelheit hervorgeholt hat. Auch die Wissenschaft hat keine technische Terminologie für diese Kraft gefunden. Es ist ein noch nicht angezapftes Reservoir, von dem nur wenige Menschen Gebrauch machen können, weil es den meisten an der Fähigkeit mangelt, ein Werkzeug zu benutzen, ohne vorher die zum Funktionieren notwendigen Teile zerlegt und beschriftet zu haben. Das unaufhörliche Bedürf-nis, zu analysieren, macht es den meisten Menschen unmöglich, diesen facettenreichen Schlüssel zum Unbekannten - den der Satanist «Satan» nennt - zu nutzen.

Satan als Gott, Halbgott, persönlicher Heiland oder wie auch immer man ihn nennen will, wurde von den Gründern aller Religionen der Welt nur zu einem Zweck erfunden - um über die sogenannten bösen Handlungen und Situationen der Menschen hier auf Erden zu wachen. Daraus folgte, daß alles, was zu körperlicher oder geistiger Befriedigung führt, als «böse» bezeichnet wurde - und somit wurde jedem eine Leben in ungerechtfertigter Schuld garantiert! Wenn sie uns also «böse» nennen, dann sind wir eben böse - was soll`s! Das satanische Zeitalter ist mit uns! Warum nicht Vorteile daraus ziehen und LEBEN! LIVE! (evil rückwärts).

LIEBE UND HAß

Satanismus bedeutet Freundlichkeit gegenüber denen, die sie verdienen, anstatt Liebe an Undankbare zu verschwenden!

Man kann nicht jeden lieben; es ist lächerlich, das zu denken. Wenn man alles und jeden liebt, verliert man seine natürliche Kritikfähigkeit und hat nur noch eine geringe Urteilskraft, um über Charakter und Qualität zu entscheiden. Wenn etwas zu locker angewendet wird, verliert es seinen eigentlichen Sinn. Daher glaubt der Satanist, daß man diejenigen aufrichtig und vollkommen lieben soll, die diese Liebe verdienen, und daß man dem Feind niemals die andere Wange hinhalten soll!

Die Liebe ist eines der intensivsten Gefühle, das der Mensch empfinden kann; ein anderes ist der Haß. Es ist völlig unnatürlich, sich zu zwingen, vorbehaltlose Liebe zu empfinden. Wenn man versucht, jeden zu lieben, verringert man nur seine Gefühle denjenigen gegenüber, die diese Liebe verdienen. Unterdrückter Haß kann zu vielen psychischen und emotionalen Leiden führen. Wenn man lernt, seine Wut gegenüber denjenigen freizusetzen, die sie verdienen, reinigt man sich von diesen bösartigen Emotionen und muß den angestauten Haß nicht an seinen Liebsten auslassen.

In der Weltgeschichte hat es noch nie eine große «Liebe» gegeben, die nicht unzählige Morde nach sich zog, vermutlich als Liebesbeweis! Alle Heuchler, die je auf dieser Welt wandelten, hatten ihre Taschen immer mit Liebe vollgestopft!

Alle scheinheiligen Frommen behaupten, ihre Feinde zu lieben, und wenn ihnen unrecht widerfährt, trösten sie sich damit, daß «Gott sie schon bestrafen wird». Anstatt sich einzugestehen, daß sie fähig sind, ihre Feinde zu hassen und so zu behandeln, wie sie es verdient haben, sagen sie: «Um der Gnade Gottes willen gehe ich hin» und «bete» für sie. Warum sollten wir uns derart demütigen und erniedrigen, indem wir solche falschen Schlüsse ziehen?

Der Satanismus wurde immer als Synonym gesehen für Grausamkeit und Brutalität. Das ist nur deshalb so, weil die Menschen Angst vor der Wahrheit haben - und die Wahrheit ist, daß nicht alle Menschen gutartig und liebevoll sind. Nur weil der Satanist zugibt, daß er fähig ist zu lieben *und* zu hassen, wird er als Menschenhasser angesehen. Im Gegenteil, gerade weil er fähig ist, seinen Haß durch ritualisierte Ausdrucksformen freizusetzen, ist er weitaus *fähiger* zur Liebe - der tiefsten Art der Liebe. Indem er den Haß und die Liebe, die er empfindet, erkennt und akzeptiert, besteht keine Gefahr der Verwechselung. Wer eines dieser beiden Gefühle noch nie erlebt hat, kann auch das andere nicht *vollkommen* erleben.

SATANISCHER SEX

Die satanische Sichtweise von «freier Liebe» hat viele Streitfragen ausgelöst. Es wird oft angenommen, daß sexuelle Handlungen der wichtigste Faktor der satanischen Religion sind, und daß die Bereitschaft, bei Sexorgien mitzumachen, eine Voraussetzung ist, um Satanist zu werden. Nichts ist weiter von der Wahrheit entfernt! Im Gegenteil, Opportunisten, die kein weiteres Interesse am Satanismus haben als an die sexuellen Aspekte, werden nachdrücklich abgelehnt.

Der Satanismus befürwortet sexuelle Freiheit, aber nur im eigentlichen Wortsinn. Mit freier Liebe ist in der satanischen Vorstellungswelt *genau das* gemeint - die Freiheit, entweder einem Menschen treu zu sein oder seine sexuellen Bedürfnisse mit so vielen anderen auszuleben, wie man es für seine speziellen Ansprüche für nötig hält.

Der Satanismus fordert *nicht* diejenigen zu orgiastischen Handlungen oder außerehelichen Affairen auf, die es nicht von sich aus wollen. Für viele wäre es äußerst unnatürlich und schädlich, ihrem auserwählten Lebensgefährten untreu zu sein. Für andere wäre es frustrierend, sexuell an einen Menschen gebunden zu sein. Jeder muß für sich selbst entscheiden, welche Form des Sexualverhaltens am ehesten seinen individuellen Wünschen entspricht. Sich unter Selbstverleugnung dazu zu zwingen, außerehelichen oder vorehelichen Verkehr zu haben, nur um anderen (oder schlimmer noch, sich selbst) zu beweisen, daß man frei von sexuellen Schuldkomplexen ist, ist nach satanischen Maßstäben genau so schlimm wie das Unterdrücken sexueller Bedürfnisse aufgrund von tiefsitzenden Schuldgefühlen.

Viele, die sich ständig abmühen, ihre Befreiung von sexuellen Schuldgefühlen zu beweisen, sind in Wirklichkeit davon *abhängiger* als diejenigen, die sexuelle Handlungen einfach als einen natürlichen Teil des Lebens akzeptieren und kein großes Tamtam um ihre sexuelle Freiheit machen. Zum

Beispiel ist erwiesen, daß die Nymphomanin (der Traum eines jeden Mannes und Heldin vieler aufreizenden Erzählungen) überhaupt nicht sexuell frei ist, sondern frigide und von Mann zu Mann wandert, weil sie zu verklemmt ist, um *jemals* völlige sexuelle Erfüllung zu finden.

Ein anderes Mißverständnis ist die Vorstellung, daß die Beteiligung an Gruppensex ein Anzeichen für sexuelle Freiheit ist. Alle zeitgenössischen Gruppen für freien Sex haben etwas gemeinsam - Ablehnung von fetischistischen oder abweichenden Betätigungen.
Diese Bespiele für gekünstelte nicht-festischistische sexuelle Betätigung, die angeblich «Freiheit» bedeutet, haben alle den gleichen Ablauf: Jeder Teilnehmer einer Orgie zieht seine Kleider aus, wie es von jemandem vorgemacht wird und treibt mechanisch Sex - genau dem Beispiel des Anführers folgend. Keinem der Teilnehmer kommt es in den Sinn, daß ihre «emanzipierte» Form des Geschlechtsverkehrs von Außenstehenden, die Gleichmacherei nicht als Freiheit betrachten, als reglementiert und kindisch angesehen werden könnte.

Der Satanist weiß, daß er als Kenner und Genießer dieser Materie (und wirklich frei von sexuellen Schuldgefühlen) weder von den sogenannten Sex-Revolutionären noch von der Prüderie seiner schuldgeplagten Gesellschaft unterdrückt werden kann. Diese Clubs für Gruppensex mißverstehen vollkommen den Sinn sexueller Freiheit. Wenn keine individuellen sexuellen Handlungen stattfinden dürfen (einschließlich persönlicher Fetische), dann gibt es überhaupt keinen Grund, sich einem solchen Club anzuschließen.

Der Satanismus akzeptiert jede Art sexueller Betätigung zur Befriedigung persönlicher Bedürfnisse - sei sie heterosexuell, homosexuell, bisexuell oder sogar asexuell. Er befürwortet auch jeden Fetisch und jede Abweichung, die der Bereicherung des Geschlechtsverkehrs dient, solange niemand beteiligt ist, der nicht mitmachen möchte.

Der sexuell Unerfahrene wäre erstaunt, wenn er wüßte, wie weit Abweichungen und Fetischismus in unserer Gesellschaft verbreitet sind. Es gibt mehr Varianten, als das unaufgeklärte Individuum sich vorstellen kann: Transvestitentum, Sadismus, Masochismus, Natursekt-Praktiken, Exhibitionismus - um nur einige der gängigsten zu nennen. Alle haben ihren persönlichen Fetisch, aber weil sie nicht wissen, wie verbreitet fetischistische Aktivitäten in der Gesellschaft sind, fühlen sie sich verdorben, wenn sie ihre «unnatürlichen Sehnsüchte» preisgeben. (Fetischismus wird nicht nur von menschlichen Wesen sondern auch von Tieren praktiziert. Der Fetisch ist ein wesentlicher Teil im Sexualleben der Tiere. Die sexuelle Duftnote zum Beispiel ist für Tiere notwendig, damit sie von einem anderen Tier erregt werden. Laboruntersuchungen haben gezeigt, daß ein Tier seine sexuelle Attraktivität gegenüber anderen Tieren verliert, wenn es künstlich geruchlos gemacht wird. Die Erregung durch sexuelle Duftnoten gefällt übrigens auch dem Menschen, obwohl er es oft leugnet).

Sogar der Asexuelle weicht von der Norm ab durch seine *Asexualität.* Es ist viel unnatürlicher, kein sexuelles Verlangen zu haben (es sei denn, Krankheit, Alter oder sonst ein stichhaltiger Grund haben das Nachlassen bewirkt) als häufig wechselnde Partnerschaften. Ob der Satanist seine Sexualität unterdrückt oder offen auslebt, ist jedoch allein seine Sache. In vielen Fällen von Unterdrückung des Geschlechtstriebes (oder Asexualität), hätte der Versuch, sich sexuell zu emanzipieren, verheerende Folgen.

Die Asexuellen werden immer von ihrem Beruf oder ihren Hobbies aufgesaugt. Die ganze Energie und Antriebskraft, die normalerweise in sexuelle Aktivitäten investiert wird, wird in andere Arten von Beschäftigung und Zeitvertreib gesteckt. Wenn jemand andere Interessen den sexuellen Handlungen vorzieht, ist das sein Recht, und niemand darf ihn deshalb verurteilen. Nur sollte er wenigstens verstehen, daß es eine Ersatzhandlung *ist.*

Weil keine Möglichkeit besteht, über geheime sexuelle Wünsche zu sprechen, bleiben sie oft im Stadium der Phantasie stecken. Die fehlende Erfüllung führt zu seelischer Belastung, und deshalb denken sich viele Menschen heimliche Methoden aus, um ihren Wünschen Luft zu machen. Nur weil die meisten fetischistischen Aktivitäten nicht offen gezeigt werden, sollte der sexuell Unbedarfte sich nicht dazu verleiten lassen, daraus zu schließen, daß sie nicht existieren. Ein paar Beispiele dieser raffinierten Techniken: Der männliche

Transvestit trägt Frauenunterwäsche, um sich seinem Fetisch hinzugeben, während er seinen täglichen Beschäftigungen nachgeht, die masochistische Frau trägt zm Beispiel einen mehrere Größen zu kleinen Strumpfhalter aus Gummi, und hat so den ganzen Tag ihre Lust durch diese fetischistische Unbequemlichkeit, ohne daß es jemand erfährt. Diese Beispiele sind viel harmloser und weiter verbreitet als andere, die man noch hätte aufzählen können.

Der Satanismus unterstützt jede Form des Sexualverhaltens, das einem gefällt, *so lange niemand anderes dadurch verletzt wird.* Diese Feststellung muß getroffen werden, um Mißverständnissen vorzubeugen. Niemanden anderes zu verletzten bedeutetet nicht, daß sich diejenigen unabsichtlich verletzt fühlen, die nicht mit dir in Sachen Sex übereinstimmen, da sie um die Moral fürchten. Natürlich sollte man es vermeiden, diejenigen zu beleidigen, die einem viel bedeuten, wie z. B. prüde Freunde oder Verwandte. Wenn du dich jedoch aufrichtig darum bemüht hast, sie nicht zu verletzen, und sie es trotzdem zufällig herausfinden, dann kannst du dafür nicht verantwortlich gemacht werden und sollst dich weder wegen deiner sexuellen Überzeugung, noch weil du sie damit verletzt hat, schuldig fühlen. Wer dauernd in Angst lebt, die Prüden mit seiner Einstellung zu verletzen, schafft es nicht, sich von sexuellen Schuldgefühlen zu befreien. Allerdings ist auch niemandem damit gedient, wenn man mit seinen Neigungen hausieren geht.

Die andere Ausnahme von der Regel ist der Umgang die Masochisten. Einem Masochisten bereitet es Lust, wenn ihm Schmerz zugefügt wird; verweigert man also dem Masochisten seine Freude am Schmerz, so verletzt man ihn damit wie man einen Nicht-Masochisten durch Schmerz verletzt. Das veranschaulicht die Geschichte vom wahrhaft grausamen Sadisten: Der Masochist sagt zum Sadisten: «Schlage mich», und der unbarmherzige Sadist antwortet «Nein!». Wenn jemand verletzt werden will und es genießt zu leiden, dann gibt es keinen Grund, diesem Wunsch nicht nachzukommen.

Das Wort «Sadist» bedeutet üblicherweise, daß jemand Lust aus irgendeiner beliebigen Brutalität zieht. Ein wahrer Sadist ist dagegen wählerisch. Er wählt sorgfältig aus dem großen Reservoir geeigneter Opfer aus und erfüllt mit großer Lust denjenigen ihre Wünsche, die durch Schmerzen aufleben. Der «kontrollierte» Sadist wählt genießerisch diejenigen aus, die seine Anstrengungen wirklich verdienen! Wer offen zugibt, daß er ein Masochist ist und es genießt, versklavt und verprügelt zu werden, der wird vom wirklichen Sadisten gern bedient!

Abgesehen von den vorgenannten Ausnahmen würde ein Satanist niemals absichtlich andere und ihre sexuellen Rechte verletzen. Wer versucht, seine Wünsche jemandem aufzuzwingen, der diese Annäherungsversuche nicht schätzt, verletzt dessen sexuelle Freiheit. Deshalb befürwortet der Satanismus ***keinesfalls*** Vergewaltigung, Kindesmißbrauch, sexuellen Mißbrauch von Tieren oder jegliche andere sexuellen Handlungen an Personen, die dies nicht wollen, oder die durch ihre Unwissenheit oder Naivität soweit eingeschüchtert oder fehlgeleitet sind, daß sie gegen ihren Willen handeln.

Sind alle Beteiligten erwachsen und haben die notwendige Reife, die volle Verantwortung für ihre Handlungen zu übernehmen und freiwillig an einer bestimmten Variante der sexuellen Ausdrucksmöglichkeiten teilnehmen - auch wenn dabei ein Tabu gebrochen wird - dann gibt es keinen Grund, diese Neigungen zu unterdrücken.

Wenn man sich über alle Auswirkungen, Vor- und Nachteile im Klaren ist und feststeht, daß niemand verletzt wird, der es nicht wünscht oder es nicht verdient hat, dann besteht kein Grund, seinen sexuellen Vorlieben nicht nachzugeben.

So wie es keine zwei Menschen gibt, die genau das Gleiche oder genau die gleiche Menge essen, so unterscheidet sich auch der sexuelle Geschmack und Appetit von Mensch zu Mensch. Kein Mensch und keine Gesellschaft hat das Recht, den Ansprüchen oder der Häufigkeit sexueller Handlungen anderer Grenzen zu setzen. Das richtige Sexualverhalten kann nur unter der Berücksichtigung der jeweiligen Situation beurteilt werden. Was der eine für in Ordnung und moralisch hält, mag den anderen frustrieren. Es gibt aber auch den umgekehrten Fall; jemand verfügt über große sexuelle Fähigkeiten, und belächelt unfairerweise andere, deren Kräfte seinen nicht gleichen. Es ist rücksichtslos von ihm, sich jemand anderem aufzudrängen, z.B. wenn der

Mann einen großen sexuellen Appetit hat und die Bedürfnisse seiner Frau dem nicht entsprechen. Es ist unfair von ihm, zu erwarten, daß sie begeistert auf seine Annäherungsversuche reagiert; aber sie muß ebenfalls eine gewisse Rücksichtnahme zeigen. Wenn sie keine große Lust verspürt, sollte sie ihm entweder passiv, aber *freundlich* entgegenkommen oder aber nicht klagen, wenn er seine Bedürfnisse anderweitig befriedigt - das schließt auch Selbstbefriedigung mit ein.

Die ideale Beziehung ist eine, in der die Menschen sich innig lieben und sexuell zusammenpassen. Allerdings sind perfekte Beziehungen relativ selten. Es muß hierbei erwähnt werden, daß geistige und körperliche Liebe Hand in Hand gehen können, aber dies nicht immer tun. Ist eine gewisse sexuelle Anpassungsfähigkeit vorhanden, so ist diese oft begrenzt, und es können zwar einige, aber nicht alle Wünsche erfüllt werden.

Es gibt kein größere Lust als die Vereinigung mit jemanden, den man sehr liebt, vorausgesetzt man paßt sexuell zusammen. Es muß allerdings betont werden, daß ein Mangel an sexueller Ergänzung nicht auch fehlende geistige Liebe bedeuten muß. Eines kann ohne das andere existieren und tut dies oft auch. In vielen Fällen sucht ein Teil des Paares außerhalb Zuflucht für seine sexuellen Neigungen, gerade *weil* er seinen Partner liebt und der geliebten Person nicht weh tun oder Zwang antun möchte. Tiefe geistige Liebe wird durch körperliche Liebe bereichert und ist sicherlich ein notwendiger Bestandteil für jede befriedigende Beziehung; aber bei unterschiedlichen Vorlieben sind aushäusige sexuelle Aktivitäten oder Selbstbefriedigung manchmal eine notwendige Ergänzung.

Selbstbefriedigung wird von vielen Menschen als Tabu angesehen, und schafft ein Schuldproblem, mit dem man nicht leicht fertig wird. Dieses Thema muß ausgiebig behandelt werden, da Masturbation ein sehr wichtiger Bestandteil magischer Arbeit ist.

Seit die judäisch-christliche Bibel die Sünde von Onan beschrieb (Gen. 38:7-10), hat der Mensch sich mit der Schwere und den Konsequenzen dieses «einsamen Lasters» beschäftigt. Obwohl die modernen Sexualforscher erläutert haben, daß die Sünde von Onan einfach ein *coitus interruptus* ist, wurde viel Schaden angerichtet durch die jahrhundertelange falsche theologische Auslegung.

Abgesehen von den eigentlichen Sexualverbrechen ist die Selbstbefriedigung eine der am wenigsten tolerierten sexuellen Handlungen. Während des letzten Jahrhunderts wurden unzählige Texte geschrieben, die die entsetzlichen Folgen der Selbstbefriedigung ausmalen. Praktisch jede körperliche oder geistige Krankheit wurde dem Übel der Masturbation zugeschrieben. Blasse Gesichtsfarbe, Kurzatmigkeit, verstohlenes Aussehen, eingefallene Wangen, Nervosität, Pickel und Appetitlosigkeit sind nur einige von vielen Merkmalen, von denen man annahm, daß sie von der Selbstbefriedigung kämen; ein völliger körperlicher und geistiger Verfall wurde denjenigen prophezeit, die nicht auf die Warnungen in den Handbüchern für junge Männer hörten.

Man könnte sich fast über die krassen Beschreibungen in solchen Texten amüsieren, wäre da nicht die traurige Tatsache, daß die tiefsitzenden Schuldgefühle, die durch den Unsinn in diesen Sex-Fibeln verursacht wurden, nur teilweise behoben werden konnten, obwohl zeitgenössische Sexualforscher, Ärzte, Autoren usw. viel getan haben, um das Stigma der Selbstbefriedigung auszuräumen. Ein großer Teil der Menschen, speziell diejenigen über Vierzig, können es gefühlsmäßig nicht akzeptieren, daß Selbstbefriedigung natürlich und gesund ist, selbst wenn sie es vom Verstand her akzeptieren; und sie übertragen ihre Abneigung oft unbewußt auf ihre Kinder.

Man glaubte, daß jemand geisteskrank würde, wenn er sich trotz zahlreicher Mahnungen weiter selbstbefriedigte. Dieser absurde Mythos entstand durch Berichte über die weitverbreitete Selbstbefriedigung von Insassen psychiatrischer Anstalten. Da fast alle unheilbar Geisteskranken masturbieren, wurde angenommen, daß sie dadurch verrückt geworden waren. Niemand dachte darüber nach, daß das Fehlen eines Geschlechtspartners und die Hemmungslosigkeit, die typisch für schwere Geisteskrankheiten ist, die wirklichen Gründe für die Selbstbefriedung der Kranken sind.

Vielen Menschen ist es *lieber*, daß ihr Partner sich anderweitig sexuelle Befriedigung sucht, anstatt sich selbst zu befriedigen, da sie sich schuldig fühlen und die Verachtung ihres Partners fürchten, den sie zur Selbstbefriedigung getrieben haben. In vielen Fällen wird auch der Gedanke als erregend empfunden, daß der Partner mit jemand anderem Geschlechtsverkehr hat - auch wenn dies selten zugegeben wird.

Wer durch den Gedanken stimuliert wird, daß sein Partner sich anderweitig sexuell betätigt, sollte dies offen ansprechen, so daß dadurch beide profitieren können. Wenn die Selbstbefriedigung allerdings nur deshalb nicht erlaubt wird, weil einer von beiden Schuldgefühle hat, sollte alles versucht werden, diese Schuldgefühle auszuräumen - oder sie für sich zu nutzen. Viele Beziehungen hätten gerettet werden können, wenn die Beteiligten kein schlechtes Gewissen bei der Selbstbefriedigung, die einfach natürlich ist, gehabt hätten.

Selbstbefriedigung wird als böse betrachtet, weil es Lust bereitet, sich mit der eigenen Hand an einer «verbotenen» Zone des Körpers zu streicheln. Die Schuldgefühle, die meistens den Geschlechtsakt begleiten, lassen sich durch die aus religiöser Sicht akzeptable Begründung mildern, daß die sinnlichen Freuden notwendig sind, um Nachkommen zu zeugen - selbst wenn man gleichzeitig sorgfältig auf die «sicheren» Tage im Kalender achtet. Beim Masturbieren kann man sich dagegen mit dieser Begründung nicht selbst beschwichtigen. Ganz gleich, was man dir über die «unbefleckte Empfängnis» erzählt hat - selbst wenn blindes Vertrauen dich dazu verleitet, diese Absurdität zu schlucken - du weißt genau, wenn *du* ein Kind zeugen willst, muß ein körperlicher Kontakt mit einer Person des anderen Geschlechts erfolgen! Wer sich schon schuldig fühlt, diese «Erbsünde» zu begehen, wird sich bestimmt noch viel schuldiger fühlen, wenn er einen Geschlechtsakt nur zu seinem eigenem Vergnügen vollzieht und nicht in der Absicht, Kinder zu zeugen.

Der Satanist weiß genau, warum die frommen Eiferer die Selbstbefriedigung als Sünde bezeichnen. Wie bei allen anderen natürlichen Handlungen tun die Menschen es einfach, egal wie streng sie dafür getadelt werden. Schuldgefühle zu verursachen ist eine wichtige Facette ihres heimtückischen Plans, die Menschen zu zwingen, für ihre «Sünden» zu büßen, indem sie Geld für den Unterhalt der Tempel der Abstinenz spenden!

Auch wenn man sich nicht mehr mit der Last religiös begründeter Schuld herumplagt (oder glaubt, es nicht mehr zu tun) - der moderne Mensch hat trotzdem immer noch Schamgefühle, wenn er seinem Verlangen nach Selbstbefriedigung nachgibt. Oft fühlt ein Mann sich seiner Männlichkeit beraubt, wenn er sich selbst befriedigt anstatt sich am Wettkampf bei der Jagd auf Frauen zu beteiligen. Eine Frau befriedigt sich vielleicht selbst, sehnt sich aber gleichzeitig nach der Steigerung ihres Selbstvertrauens durch das Spiel der Verführung. Der Möchtegern-Casanova wie auch der falsche Vamp finden es unangemessen, sich auf Selbstbefriedigung zu «beschränken»; beide würden sogar einen weniger passenden Partner vorziehen. Satanisch gesehen ist es dagegen viel besser, sich einer perfekten Phantasievorstellung hinzugeben als sich auf ein unergiebiges Erlebnis mit einem anderen Menschen einzulassen. Bei der Selbstbefriedigung hat man die ganze Situation unter Kontrolle.

Hier ist ein weiterer Beleg für die unstrittige Tatsache, daß Selbstbefriedigung eine völlig normale und gesunde Handlung ist: Alle Mitglieder des Königreichs der Tiere tun es. Auch Menschenkinder folgen ihrem instinktiven Bedürfnis nach Selbstbefriedigung, wenn sie nicht von ihren empörten Eltern dafür ausgeschimpft werden, wie diese zweifellos auch von *ihren* Eltern dafür ausgeschimpft wurden, ebenso wie die Generationen davor.

Es ist traurig aber wahr, daß die Schuldgefühle der Eltern unverändert auf ihre Kinder übertragen werden. Um unsere Kinder vor dem unglückseligen sexuellen Schicksal unseren Eltern, Großeltern und vielleicht sogar vor uns selbst zu schützen, muß die pervertierte Moralvorstellung der Vergangenheit als das entlarvt werden, was sie ist: Eine pragmatische Ansammlung von Vorschriften, die uns zerstören werden, wenn wir sie strikt befolgen! Wenn wir uns von den lächerlichen sexuellen Maßstäben der heutigen Gesellschaft nicht befreien, einschließlich der sogenannten sexuellen Revolution, werden die Neurosen, die durch diese einengenden Regeln hervorgerufen werden, fortbestehen. Die Befolgung der vernünftigen und humanistischen neuen

Moralvorstellungen des Satanismus kann - und wird - eine Gesellschaft erschaffen, in der unsere Kinder gesund und ohne die verheerenden moralischen Altlasten unserer kranken Gesellschaft aufwachsen können.

NICHT ALLE VAMPIRE SAUGEN BLUT!

Satanismus bedeutet Verantwortung gegenüber den Verantwortungsvollen anstatt Sorge um psychische Vampire!

Viele Menschen auf dieser Erde pflegen die Kunst, anderen grundlos das Gefühl zu geben, sie seien für sie verantwortlich oder ständen in ihrer Schuld. Der Satanismus kennt das wahre Gesicht dieser Blutsauger. Psychische Vampire sind Individuen, die anderen ihre Lebenskraft rauben. Dieser Menschentyp ist in allen Bereichen der Gesellschaft zu finden. Sie erfüllen keinen nützlichen Zweck in unserem Leben und werden weder von uns geliebt noch sind sie *wahre* Freunde. Und trotzdem fühlten wir uns bisher für diese psychischen Vampire verantwortlich, ohne zu wissen warum.

Wenn du glaubst, das Opfer eines solchen Zeitgenossen geworden zu sein, kannst du dies mit ein paar einfachen Regeln herausfinden. Gibt es jemanden, den du oft anrufst oder besuchst, obwohl du es eigentlich gar nicht willst, es aber trotzdem tust, weil du dich sonst schuldig fühlst? Oder ertappst du dich dabei, wie du ständig jemandem einen Gefallen tust, der dich gar nicht offen darum bittet, sondern es nur andeutet? Diese psychischen Vampire wenden oft die umgekehrte Taktik an, indem sie sagen: «Oh, ich kann dich wirklich nicht bitten, das für mich zu tun» - und du wirst folglich darauf bestehen, es zu tun. Diese psychischen Vampire würden dich *niemals* um etwas bitten. Das wäre viel zu offensichtlich. Sie lassen ihre Wünsche einfach dezent durchblicken und werden somit nicht als Nervensägen empfunden. Es würde ihnen «niemals in den Sinn kommen, jemandem zur Last zu fallen» und sie sind immer bereit, ihr Los zu akzeptieren - nach außen hin!

Ihre Sünden bestehen nicht darin, etwas zu begehen, sondern etwas zu unterlassen. Es ist nicht das, was sie sagen, sondern das, was sie *nicht* sagen, das dir das Gefühl gibt, du seist ihnen etwas schuldig. Sie sind viel zu gerissen, um dich offen um etwas zu bitten, weil sie wissen, daß du dich darüber ärgern würdest und einen konkreten und berechtigten Grund hättest, sie abzuweisen.

Viele dieser Leute haben besondere «Merkmale», die ihre Abhängigkeit von dir noch einleuchtender und zwingender machen. Viele psychische Vampire sind gebrechlich (oder behaupten es zu sein), oder sie sind «geistig oder emotional gestört». Andere heucheln Unwissenheit oder Unfähigkeit, damit du aus Mitleid - oder öfter noch vor lauter Verzweiflung - die Sachen selber erledigst.

Der traditionelle Weg, einen Dämonen oder ein Elementalwesen zu bannen ist, sie als das zu erkennen, was sie sind, und auszutreiben. Diese modernen Dämonen und ihre Methoden zu erkennen, ist das einzige Mittel gegen ihren verheerenden Einfluß auf dich.

Die meisten Menschen nehmen das heuchlerische Wesen dieser auf passive Weise bösartigen Individuen nur deshalb für bare Münze, weil sie nie auf ihre heimtückischen Schachzüge aufmerksam gemacht wurden. Sie glauben einfach, daß diese «armen Seelen» weniger Glück gehabt haben als sie selbst und haben daher das Gefühl, ihnen helfen zu müssen, wo sie nur können. Es ist dieses fehlgeleitete Verantwortungsgefühl (oder das grundlose Gefühl von Schuld), das die «Nächstenliebe», von der diese Parasiten profitieren, steigert!

Der psychische Vampir kann nur deshalb existieren, weil er sich geschickt gewissenhafte, verantwortungsvolle Leute als Opfer aussucht - Menschen, die ihre «moralischen Verpflichtungen» sehr ernst nehmen.

Manchmal werden wir anstatt von Einzelpersonen von einer Gruppe von Menschen vampirisiert. Jede Organisation, die Spenden sammelt, sei es eine wohltätige Stiftung, ein Gemeinderat, ein religiöser oder bruderschaftlicher Verein, sucht sich sorgfältig einen Menschen als Vorsitzenden oder Geschäftsführer aus, der dazu geeignet ist, anderen das Gefühl der Schuld zu geben. Die Aufgabe dieses Vorsitzenden ist es, uns einzuschüchtern, bis wir zuerst unsere Herzen und dann unsere Brieftaschen diesem «guten Menschen» öffnen, wobei nie erwähnt wird, daß sie ihre Zeit oftmals nicht kostenlos opfern, sondern einen fetten Lohn für ihren «noblen Taten» erhalten. Sie sind Meister im Spiel mit dem Mitleid und der Rücksichtnahme verantwortungsvoller

Menschen. Wie oft sehen wir kleine Kinder, die von diesen selbstgerechten üblen Kerlen vorgeschickt werden, um dem Gutwilligen mühelos eine Spende zu entlocken. Wer kann schon dem unschuldigen Charme eines Kindes widerstehen?

Es gibt zwar Menschen, die nur glücklich sind, wenn sie geben können, aber es sind nicht viele, die zu dieser Kategorie gehören. Leider wird oft von uns verlangt, Dinge zu tun, von denen wir glauben, daß man sie nicht von uns verlangen sollte. Für einen pflichtbewußten Menschen ist es schwierig, zwischen freiwilliger und aufgedrängter Wohltätigkeit zu unterscheiden. Er will tun, was richtig und gerecht ist und findet es verwirrend, sich entscheiden zu müssen, wem er helfen soll, und in welchem Umfang Hilfe ***berechtigterweise*** von ihm erwartet werden darf.

Jeder muß für sich selbst entscheiden, welche Verpflichtungen er gegenüber seinen Freunden, seiner Familie und der Gesellschaft hat. Bevor man seine Zeit und sein Geld denjenigen opfert, die nicht zur Familie und zum engeren Freundeskreis gehören, muß man entscheiden, was man abgeben kann, ohne seine Nächsten zu benachteiligen. Hierzu gehört auch, bei denen, die einem viel bedeuten, an ***sich selbst*** zu denken. Man muß sogfältig die Berechtigung einer Bitte und die Persönlichkeit oder Motivation des Bittenden prüfen.

Es ist extrem schwierig, «Nein sagen» zu lernen, wenn man sein ganzes Leben lang «Ja» gesagt hat. Aber wenn man nicht ständig ausgenutzt werden will, muß man lernen, unter bestimmten Umständen «Nein» zu sagen. Wer zuläßt, daß psychische Vampire sich allmählich in seinem Alltagsleben einnisten, hat bald kein Privatleben mehr - und das ständige Gefühl der Verantwortung ihnen gegenüber wird seine Energien erschöpfen.

Ein psychischer Vampir sucht sich zum Aussaugen immer jemanden aus, der relativ zufrieden mit seinem Leben ist - jemand, der glücklich verheiratet ist, zufrieden mit seiner Arbeit ist und im Großen und Ganzen gut mit der Welt, in der er lebt, zurechtkommt. Die Tatsache, daß der psychische Vampir sich glückliche Menschen als Opfer aussucht, zeigt, daß es ihm dies alles fehlt; und er wird alles tun, was er kann, um Ärger und Zwietracht zwischen seinem Opfer und den Menschen, die es gern hat, zu schüren.

Deshalb sei vorsichtig bei jedem, der keine richtigen Freunde und kein wirkliches Interesse am Leben hat (außer an Dir). Er wird dir wahrscheinlich sagen, daß er sehr wählerisch bei der Auswahl seiner Freunde ist, oder daß er nicht leicht Freundschaften schließt, da er besonders hohe Anforderungen an seine Gefährten stellt (um Freunde zu gewinnen *und* zu behalten, muß man gewillt sein, einen Teil von sich zu geben - aber dazu ist der psychische Vampir nicht fähig). Und er wird eilig hinzufügen, daß *du* jede seiner Anforderungen erfüllst, und daß du eine wahrhaft große Ausnahme unter den Menschen bist- *du* bist einer der wenigen, die seiner Freundschaft würdig sind.

Um nicht verzweifelte Liebe (die auch sehr selbstsüchtig ist) mit psychischem Vampirismus zu verwechseln, muß man den großen Unterschied zwischen beiden klarstellen. Der einzige Weg, festzustellen, ob man vampirisiert wird, ist, das was man jemandem gibt, dem gegenüberzustellen, was man von ihm bekommt.

Manchmal sind einem die Verpflichtungen lästig, die die Angehörigen, ein naher Freund oder gar der Arbeitgeber einem auferlegen, aber bevor man diese Menschen als psychische Vampire abstempelt, muß man sich fragen: «Was bekomme ich dafür als Gegenleistung?» Wenn deine Frau oder Geliebte darauf besteht, daß du sie oft anrufst, du aber auch von ihr verlangst, daß sie dir über die Zeit, die ihr nicht zusammen verbringt, Rechenschaft ablegt, mußt du einsehen, daß das eine Situation des Gebens und des Nehmens ist. Auch wenn ein Freund häufig zu unpassender Zeit anruft und um Hilfe bittet, von dem du aber auch manchmal dringend Hilfe benötigst, so ist das ein fairer Tausch. Wenn dich dein Arbeitgeber fragt, ob du ein wenig mehr tun könntest als normalerweise in deinem Arbeitsbereich von dir verlangt wird, aber andererseits darüber hinwegschaut, daß du gelegentlich zu spät kommst oder er dir bei Bedarf freigibt, dann hast du sicher keinen Grund, zu klagen und dich von ihm ausgenutzt zu fühlen.

Es ist jedoch Vampirismus, wenn du unaufhörlich zu etwas aufgefordert wirst oder ständig jemand etwas von dir erwartet, der selbst immer gerade dann andere «dringende Verpflichtungen» hat, wenn du ihn um einen Gefallen bittest.

Viele psychische Vampire schenken dir materielle Dinge in der Absicht, daß du das Gefühl hast, ihnen eine Gegenleistung zu schulden, und binden dich so an dich. Der Unterschied zwischen deinem und ihrem Geben besteht darin, daß deine Gegenleistung nicht von materieller Art sein muß. Sie wollen, daß du dich ihnen gegenüber verpflichtet fühlst und wären sehr enttäuscht und sogar verärgert, wenn du versuchen würdest, ihnen materielle Dingen zurückzuzahlen. Genaugenommen hast du «deine Seele» an sie verkauft, und sie erinnern dich ständig an die Schuld, die du ihnen gegenüber hast, indem sie sie nicht erwähnen.

Für einen wahren Satanisten ist der einzige Weg, mit psychischen Vampiren zu verkehren, sich dumm zu stellen und so zu tun, als wären sie *tatsächlich* uneigennützig und würden *wirklich* keine Gegenleistung erwarten. Erteile ihnen eine Lehre, indem du liebenswürdig annimmst, was sie dir geben. Du mußt ihnen so laut dafür danken, daß alle es hören und dann gehst du weg! So gehst du als Sieger aus der Angelegenheit hervor. Was können sie schon sagen? Aber wenn sie von dir unvermeidlich erwarten, daß du ihre Großzügigkeit honorierst (das ist der harte Teil!), dann sage «Nein» - aber, wie gesagt, *liebenswürdig*. Wenn sie merken, daß du ihnen aus den Krallen fällst, werden zwei Dinge geschehen. Zuerst werden sie den «Niedergeschlagenen» spielen, in der Hoffnung, daß dein altes Gefühl von Pflicht und Mitleid wiederkommt, und wenn (falls) dies nicht so ist, werden sie ihr *wahres* Gesicht zeigen und böse und rachsüchtig werden.

Wenn du sie erst einmal bis zu diesem Punkt getrieben hast, kannst du so tun, als wärst du gekränkt. Schließlich hast du ja nichts Falsches getan - du hattest nur zufällig «wichtige Verpflichtungen», als sie dich brauchten, und da ja keine Gegenleistung für ihre Geschenke erwartet wurde, gibt es schließlich keinen Grund zur Verärgerung.

Normalerweise merkt der Vampir, wenn seine Methoden entdeckt worden sind und wird nicht länger auf der Sache herumreiten. Er wird seine Zeit nicht weiter mit dir vergeuden, sondern sich sein nächstes ahnungsloses Opfer suchen.

Es kommt jedoch vor, daß der Vampir nicht ohne weiteres locker läßt und alles nur mögliche versuchen wird,um dich zu quälen. Er kann viel Zeit darauf verwenden, denn wenn er erst einmal zurückgewiesen worden ist, wird er alles andere (das wenige andere, das er sonst noch hat) vernachlässigen, um ununterbrochen auf Rache zu sinnen, auf die er ein Recht zu haben glaubt.

Aus diesem Grund ist es das beste, einer Bekanntschaft mit Menschen dieser Art von Anfang an aus dem Weg zu gehen. Du fühlst dich von ihrer «Schmeichelei» und ihrer Abhängigkeit von dir am Anfang vielleicht geehrt, und du findest ihre materiellen Geschenke reizvoll, aber später wirst du alles vielfach zurückzahlen müssen.

Verschwende deine Zeit nicht auf Menschen, die dich letztendlich zerstören, sondern konzentriere dich statt dessen auf diejenigen, die deine Verantwortung ihnen gegenüber zu schätzen wissen und sich dir gegenüber auch verantwortlich fühlen.

Und wenn du ein psychischer Vampir bist - dann höre zu! Nimm dich vor dem Satanisten in Acht - er ist bereit und gewillt, dir voller Schadenfreude den sprichwörtlichen Pfahl ins Herz zu rammen!

SINNESFREUDE DURCH HINGABE - OHNE ZWANG

Die höchste Ebene der menschlichen Entwicklung ist, sich seiner Körperlichkeit bewußt zu sein!

Der Satanismus bestärkt seine Anhänger darin, ihren natürlichen Trieben nachzugeben. Nur so kann man völlig zufrieden und ohne Frustrationen leben, die für einen selbst und andere schädlich sein können. Deshalb lautet die einfachste Beschreibung der satanischen Denkweise:

Sinnesfreude anstatt Enthaltsamkeit!

Die Menschen verwechseln oft Zwang mit Sinnesfreude, aber zwischen beiden besteht ein großer Unterschied. Zwang entsteht niemals aus Sinnesfreude, sondern dadurch, daß man nicht zur Sinnesfreude fähig ist. Wenn etwas tabuisiert wird, verstärkt sich nur das Verlangen danach, es zu tun. Jeder tut gern Dinge, die man ihm verboten hat. «Die verbotenen Früchte sind die süßesten».

Websters enzyklopädisches Wörterbuch erklärt Sinnesfreude (indulgence - Anm. d. Übers.) folgendermaßen: «Sich einer Sache hingeben; sich nicht zurückhalten oder widersetzen; freien Lauf lassen; Befriedigung durch Hingeben, gewähren lassen». Die Definition des Begriffes Zwang im gleichen Lexikon lautet: «Der Vorgang des Bezwingens oder Antreibens mittels physischer oder psychischer Gewalt; Bezwingen des Willens; (zwingend, obligatorisch).» Mit anderen Worten, Sinnesfreude schließt die freie Wahl mit ein, während Zwang das Fehlen von Auswahlmöglichkeiten bedeutet.

Hat jemand keine Möglichkeit, seine Bedürfnisse auszuleben, so stauen sich diese schnell auf und werden zu Zwängen. Wenn alle die Möglichkeit hätten, ihre persönlichen Bedürfnisse in regelmäßigen Abständen an einem bestimmten Ort auszuleben, ohne Angst vor Peinlichkeit oder Vorwürfen, wären sie so ausgeglichen, daß sie ein Alltagsleben ohne Frustrationen führen könnte. Befreit könnten sie voller Schwung jede Verpflichtung auf sich zu nehmen, die zu übernehmen sie sich ausgesucht haben, anstatt halbherzig und ohne Kreativität an die Arbeit zu gehen, da sie ihre natürlichen Triebe verleugnen müssen. Das trifft jedenfalls in den meisten Fällen zu. Es gibt aber auch solche Menschen, die besser unter Druck arbeiten.

Allgemein gesehen, sind es meistens die künstlerischen Berufe, die einen gewissen Druck brauchen, um ihre Fähigkeiten voll zu entfalten. (Mehr dazu später, im Zusammenhang mit Erfüllung durch Verweigerung.) Das bedeutet aber nicht, daß alle Künstler so veranlagt sind. Im Gegenteil, viele Künstler können erst richtig kreativ arbeiten, wenn sie ihre grundlegenden animalischen Bedürfnisse befriedigt haben.

Meistens sind es jedoch nicht die Künstler oder Individualisten, denen es an der Möglichkeit zum Ausleben ihrer Bedürfnisse fehlt, sondern die durchschnittlichen Männer und Frauen der Mittelschicht. Es ist eine Ironie, daß ausgerechnet der verantwortungsbewußte, respektable Mensch - derjenige, der die Rechnungen der Gesellschaft begleicht - derjenige ist, der am wenigsten zurückbekommt. Er muß ständig auf seine «moralischen Verpflichtungen» achten und wird verurteilt, wenn er sich ganz normal seinen natürlichen Bedürfnissen hingibt.

Die satanische Religion hält dies für eine grobe Ungerechtigkeit. Derjenige, der seinen Verpflichtungen nachkommt, sollte vorrangig ein Recht auf Vergnügungen seiner Wahl haben, ohne Zensur durch die Gesellschaft, der *er* dient.

Endlich wurde eine Religion (Satanismus) geschaffen, die diejenigen, die die Gesellschaft, in der sie leben, unterstützen, lobt und belohnt, anstatt sie für ihre natürlichen Triebe zu verurteilen.

Aus jeder Sammlung von Grundsätzen (seien sie religiös, politisch oder philosophisch) kann etwas Gutes abgeleitet werden. Aus Hitlers wahnsinnigem Konzept ragt ein Punkt heraus als leuchtendes Beispiel dafür - «Kraft durch Freude!». Hitler war nicht verrückt, als er den Deutschen Glück für ihr *persönliches* Leben versprach, um sich ihre Treue zu sichern und sie zu Höchstleistungen anzutreiben.

Es ist längst erwiesen, daß die meisten Krankheiten psychosomatisch bedingt sind und daß psychosomatische Krankheiten eine direkte Folge von Frustrationen sind. Man sagt «die Guten sterben jung.» Die Guten, nach christlichen Maßstäben, sterben *wirklich* jung. Es ist die Frustration unserer natürlichen Triebe, die zu einem vorzeitigen Verfall unserer geistigen und körperlichen Verfassung führt.

Es ist modern, sich auf die Vervollkommnung von Gemüt und Geist zu konzentrieren und zu glauben, daß es primitiv, ordinär und ungehobelt ist, seinem Körper (der doch die eigentliche Hülle ist, ohne die Gemüt und Geist gar nicht existieren könnten), Freude zu bereiten. *Dabei haben in letzter Zeit die meisten Menschen, die sich für emanzipiert halten, die Normalität nur verlassen, um in die Idiotie zu «transzendieren»*! Indem sie ihren Hintern krümmen, bis sie ihren Bauchnabel treffen und sich von wilden und exotischen Diäten wie braunem Reis und Tee ernähren, glauben sie, sie würden ein hohes Niveau geistiger Entwicklung erreichen.

«Unsinn!» sagt der Satanist. Er ißt lieber etwas Leckeres, übt seine Imaginationskraft und transzendiert mittels physischer und emotionaler Erfüllung. Nach Meinung des Satanisten müßte doch jeder froh sein, nach so vielen Jahrhunderten unsinniger religiöser Vorschriften endlich einmal Mensch sein zu dürfen!

Falls jemand glaubt, daß er die Mittelmäßigkeit vermeiden kann, indem er seine natürlichen Bedürfnisse unterdrückt, dann sollte er sich die östlichen, mystischen Religionen ansehen, die sich seit einigen Jahren einer großen Beliebtheit erfreuen. Das Christentum ist ein «alter Hut», deshalb haben sich diejenigen, die diesen Fesseln entrinnen wollten, den sogenannten «erleuchteten Religionen», wie dem Buddhismus zugewandt. Obwohl das Christentum seine Kritik verdient hat, wird ihm vielleicht mehr Schuld als gerechtfertigt ist zugewiesen. Den Anhängern des mystischen Glaubens mangelt es genauso wie den «fehlgeleiteten» Christen an Menschlichkeit. Beide Religionen basieren auf abgedroschenen Philosophien, aber die mystisch Frommen beteuern, erleuchtet und befreit zu sein von dem schuldbelasteten Dogma, das typisch für das Christentum ist. Die östliche Mystik ist noch mehr darum besorgt als der Christ, alle animalischen Handlungen zu vermeiden, die ihn daran erinnern, daß er kein «Heiliger» ist, sondern lediglich ein Mensch - nur in anderer Form als ein Tier, manchmal besser, *häufig jedoch schlechter* als die Vierbeiner, da er aufgrund seiner «göttlichen geistigen und intellektuellen Entwicklung» zum bösartigsten aller Tiere geworden ist.

Der Satanist fragt: «Was ist falsch daran, sowohl menschliche Grenzen als auch Fähigkeiten zu haben?» Indem er seine Wünsche verleugnet hat, kommt der Mystiker der Überwindung von Zwängen genauso wenig näher wie seine gleichgesinnte Seele, der Christ. Die mystischen östlichen Religionen haben den Menschen beigebracht, ihren Bauchnabel zu betrachten, auf dem Kopf zu stehen, nackte Wände anzustarren, sich nicht zu schmücken, und sich gegen jedes Verlangen nach materialistischen Freuden zu disziplinieren. Nichtsdestotrotz bin ich sicher, daß du schon genauso viele sogenannte Yogis gesehen hast, die wie jeder andere, nicht auf das Rauchen verzichten können; oder genauso viele angeblich emanzipierte Buddhisten, die ebenso erregt werden wie «weniger bewußte» Menschen, wenn sie mit dem anderen - oder in manchen Fällen auch dem gleichen - Geschlecht konfrontiert werden. Wenn man sie allerdings nach dem Grund für ihre Heuchelei fragt, ziehen sie sich auf die Zweideutigkeiten zurück, die für ihren Glauben kennzeichnend sind - niemand kann sie festnageln, wenn keine klaren Antworten gegeben werden!

Der einzige Grund, der diese Menschen dazu gebracht hat, eine Religion der Abstinenz zu predigen, ist die *Sinnesfreude*. Ihr zwanghafter Masochismus ist der Grund, warum sie sich eine Religion ausgesucht haben, die nicht nur die Selbstverleugnung befürwortet, sondern sie dafür lobt; auf diese Weise haben sie einen sakrosankten Weg für ihre masochistischen Bedürfnisse gefunden. Je mehr sie ertragen können, um so heiliger werden sie.

Der Masochismus ist für die meisten Menschen eine Zurückweisung der Sinnesfreude. Der Satanismus deckt die tiefergehenden Gründe auf und hält den Masochismus dagegen dann für eine Art *Sinnesfreude*, wenn der Versuch, jemanden von seinen masochistischen Neigungen abzubringen, auf Unwillen und/oder Mißerfolg trifft. Der Satanist verurteilt diese Menschen nicht, weil sie ein Ventil für ihre masochistischen Bedürfnisse gefunden haben, aber er empfindet eine große Verachtung denjenigen gegenüber, die nicht ehrlich genug sein können (wenigstens sich selbst gegenüber), ihren Masochismus als einen natürlichen Teil ihrer Persönlichkeit zu erkennen und zu akzeptieren.

Eine Religion als Entschuldigung für Masochismus zu gebrauchen, ist schon schlimm genug, aber diese Menschen haben obendrein noch die Unverschämtheit, sich denjenigen gegenüber erhaben zu fühlen, die ihre Fetische nicht verleugnen! Diese Menschen wären die ersten, die einen anderen verurteilen, der seine wöchentliche Befriedigung darin gefunden hat, sich von jemanden durchprügeln zu lassen, und der sich dadurch von dem Druck befreit, der ihn sonst zu einem zwanghaften Kirchgänger oder religiösen Fanatiker machen würde. Indem er ein Ventil für seine masochistische Veranlagung findet, braucht er sich nicht mehr zu erniedrigen und zu verleugnen, wie es diese zwanghaften Masochisten tun.

Die Satanisten werden ermutigt, den sieben Todsünden zu frönen, womit sie niemandem wehtun; denn diese wurden von der christlichen Kirche nur erfunden, um ihren Anhängern Schuldgefühle zu verursachen. Die christliche Kirche weiß genau, daß niemand diesen Sünden entgehen kann, da es alles Dinge sind, die wir Menschen von Natur aus tun. Wenn diese Sünden dann unvermeidlich begangen worden sind, bietet die Kirche finanzielle Möglichkeiten, sich bei Gott «freizukaufen» und somit das Gewissen des Gemeindemitglieds reinzuwaschen!

Satan hat noch nie ein Regelbuch benötigt, da die Lebenskraft von sich aus dafür sorgt, daß der Mensch «sündhaft» und fest entschlossen ist, sich und seine Gefühle zu erhalten. Nichtsdestotrotz wird versucht, seinen Körper und seine Existenz um seiner «Seele» willen zu demoralisieren, was nur beweist, wie irreführend und mißbräuchlich die Begriffe «Sinnesfreude» und «Zwang» verwendet werden.

Sexuelle Handlungen werden vom Satanismus als selbstverständlich akzeptiert und befürwortet, aber die Tatsache, daß er die einzige Religion ist, die diesen Standpunkt einnimmt, ist offensichtlich der Grund, warum immer so viel darüber geschrieben wird.

Da die meisten Menschen Religionen angehören, die sie sexuell unterdrücken, ist es normal, daß alles, was zu diesem provokativen Thema geschrieben wird, eine reizvolle Lektüre bietet.

Wenn alle Versuche, etwas zu verkaufen (sei es ein Produkt oder eine Idee) mißlungen sind - mit Sex klappt es immer. Der Grund dafür ist, daß, obwohl die Menschen Sex heutzutage ***bewußt*** als normale und notwendige Funktion akzeptieren, ihr ***Unterbewußtsein*** immer noch an das Tabu gebunden ist, das die Religion ihnen auferlegt hat. Und darum wird das, was ihnen verweigert wird, um so heftiger begehrt. Das Schreckgespenst Sex überschattet in der Literatur über die satanistische Weltanschauung alles andere, was sonst noch über Satanismus geschrieben wurde.

Der wahre Satanist wird vom Sex nicht mehr beherrscht als von irgendwelchen anderen Bedürfnissen, die er hat. Wie bei allen anderen angenehmen Dingen beherrscht der Satanist den Sex, anstatt von ihm beherrscht zu werden. Weder ist er der perverse Teufel, der nur darauf wartet, jede Jungfrau zu schänden, noch ist er degeneriert und lungert verstohlen in «schmutzigen» Buchläden herum und sabbert dort über den «schlimmen» Bildern. Wenn Pornographie genau das ist, was er sich gerade wünscht, dann kauft er sich eben, ohne sich zu schämen, einige «Stücke seiner Wahl» und liest sie, wann es ihm paßt und ohne Schuldgefühle.

«Wir müssen akzeptieren, daß der Mensch wegen seiner dauernden Unterdrückung verärgert ist, aber wir müssen alles tun, um die sündhaften Bedürfnisse der Menschen wenigstens abzumildern, sonst rennen sie zügellos in dieses neue Zeitalter», sagen die frommen Eiferer des Pfades zur Rechten dem fragenden Satanisten. «Warum glaubt ihr immer noch, daß diese Bedürfnisse sündhaft sind und unterdrückt werden müssen, wenn ihr jetzt doch zugebt, daß sie natürlich sind?» entgegnet der Satanist. Könnte es sein, daß die Weißlichter ein wenig «angesäuert» sind, weil sie nicht vor den Satanisten auf die Idee gekommen sind, eine Religion zu schaffen, der man gern folgt; und würden sie in Wahrheit nicht vielleicht auch lieber ein bißchen mehr Freude am Leben haben, können dies aber nicht zugeben, um ihr Gesicht nicht zu verlieren? Und befürchten sie vielleicht, daß die Leute, wenn sie vom Satanismus hören, sagen: «Das ist etwas für mich - warum soll ich weiter einer Religion folgen, die mich für alles, was ich tue, verurteilt, obwohl eigentlich gar nichts an mir verkehrt ist?» Der Satanist denkt, daß dies mehr als wahrscheinlich ist.

Zwar gibt es viele Beispiele dafür, daß die alten Religionen immer mehr von ihren lächerlichen Beschränkungen aufgeben, aber wenn die ganze Religion auf Abstinenz anstatt Sinnesfreude (wie es eigentlich sein sollte) basiert, dann bleibt nach der Modernisierung wenig übrig, was den heutigen Bedürfnissen des Menschen entspricht. Warum also Zeit vergeuden und «auf ein totes Pferd setzen»?

Die Parole des Satanismus lautet «SINNESFREUDE» anstatt «Enthaltsamkeit»... ABER sie bedeutet *nicht* «Zwang».

ÜBER DAS MENSCHENOPFER

Der mutmaßliche Grund für ein Opferritual ist, die Energie aus dem Blut eines frisch geschlachteten Opfers in die Atmosphäre der magischen Arbeit einzubringen und dadurch die Erfolgschancen des Magiers zu vergrößern.

Da Blut Lebenskraft bedeutet, nehmen die «Weiß-Magier» an , daß es keinen besseren Weg gibt, die Götter oder Dämonen zu besänftigen, als ihnen eine ausreichende Menge davon anzubieten. Wenn man diese These mit der Tatsache verbindet, daß eine sterbende Kreatur reichlich Adrenalin und andere biochemische Energien ausschüttet, so hat man scheinbar eine unschlagbare Kombination.

Da dem «Weiß-Magier» natürlich klar ist, welche Konsequenzen die Ermordung eines Menschen nach sich zieht, verwendet er für seine Zeremonien Vögel, Hühner oder andere «niedere» Lebewesen. Offensichtlich empfinden diese scheinheiligen Schurken keine Schuld, wenn sie anstatt eines Menschen ein anderes Leben vernichten.

Ein «Magier», der seinen Namen verdient, ist dagegen fähig genug, die nötige Kraft aus seinem eigenen Körper zu gewinnen, anstatt aus einem unfreiwilligen und unschuldigen Opfer!

Entgegen allen herkömmlichen magischen Theorien wird die Freisetzung dieser Kraft ***nicht*** durch das Blutvergießen erreicht, ***sondern durch den Todeskampf der lebenden Kreatur***! Diese Entladung bioelektrischer Energie ist dasselbe Phänomen, das bei einer heftigen Zunahme von Gefühlen auftritt, wie z.B. ein Orgasmus, blinder Zorn, tödlicher Schrecken, verzehrender Kummer etc. Von diesen Gefühlsregungen sind Orgasmus und Wut diejenigen, die man am einfachsten durch eigene Willenskraft erzeugen kann: Als drittes folgt der Kummer. Wenn man bedenkt, daß zwei der drei Regungen, die am leichtesten erzielt werden können (Orgasmus und Wut), den Menschen als «sündhaft» ins Unterbewußtsein eingebrannt wurden, so ist es kein Wunder, daß diese von den «Weiß-Magiern», die riesige Mühlsteine an Schuld mit sich herumschleppen, gemieden werden!

Die hemmungslose und dumme Absurdität, auf dem Höhepunkt eines Rituals ein unschuldiges Lebewesen zu töten, wie es von einstigen «Hexern» praktiziert wurde, hielten sie offensichtlich für das «geringere Übel», um eine Energieentladung zu erzeugen. Diese armen, schuldbewußten Irren, die sich selbst Hexen oder Hexer nannten, hackten lieber einer Ziege oder einem Huhn den Kopf ab, um ihren Todeskampf für sich zu nutzen, als die «gotteslästerliche» Tapferkeit zu besitzen, vor dem Jehova zu masturbieren, dessen Existenz sie angeblich verleugnen! Der einzige Weg, durch den diese mystischen Feiglinge sich rituell freisetzen können, ist die Qual des Todes eines anderen (eigentlich stellvertretend für ihren eigenen) anstatt sich mit den Kräften zu befassen, die Leben *erzeugen*! Diejenigen, die auf dem Pfad des weißen Lichtes wandeln, sind die eigentlich Kalten und die Toten! Kein Wunder, daß diese Kichererbsen der «mystischen Weisheit» sich in schützende Kreise stellen und die «bösen» Kräfte bannen müssen, um sich vor Angriffen zu schützen - EIN EINZIGER GUTER ORGASMUS WÜRDE SIE WAHRSCHEINLICH TÖTEN!

Das Menschenopfer in einem satanischen Ritual bedeutet nicht, daß das Opfer geschlachtet wird, um «die Götter zu besänftigen». Das Opfer wird *symbolisch* durch einen Spruch oder Fluch zerstört. Dies führt zur körperlichen, geistigen oder emotionalen Vernichtung des «Opfers», auf eine Art und Weise, die nicht dem Magier zugeschrieben werden kann.

Der einzige Grund für ein solches Menschenopfer wäre, wenn es einen doppelten Zweck erfüllt: Den Zorn des Magiers freizusetzen, indem er einen Fluch ausstößt, und, weitaus wichtiger, um ein völlig widerwärtiges Individuum, das es nicht anders verdient hat, loszuwerden.

Ein Satanist würde *unter keinen Umständen* ein Tier oder ein Baby opfern! Jahrhundertelang haben die Propagandisten des Pfades zur Rechten getratscht über die angeblichen Opferungen kleiner Kinder und üppiger Jungfrauen durch Teufelsanbeter. Man sollte meinen, daß bei derart vorurteilsbeladenen Quellen jeder, der solche abscheulichen Geschichten hört oder liest, sofort ihren Wahrheitsgehalt anzweifelt. Im Gegenteil, wie bei allen «heiligen» Lügen, die vorbehaltlos geglaubt werden, wird diese Unterstellung bis heute aufrechterhalten!

Es gibt vernünftige und logische Gründe, warum der Satanist keine solchen Opferungen vollzieht. Der Mensch, das Tier, ist eine Gottheit für den

Satanisten. Die reinste Form fleischlicher Existenz lebt in den Körpern von Tieren und Menschenkindern, die noch nicht alt genug sind, sich ihren natürlichen Bedürfnissen zu verweigern. Sie können Dinge wahrnehmen, die der durchschnittliche Erwachsene niemals wahrnehmen würde. Deshalb sind dem Satanisten diese Lebewesen heilig, da er weiß, daß er viel von diesen natürlichen Zauberern lernen kann.

Der Satanist kennt den Brauch von denjenigen, die auf dem Pfad von Agarthi wandeln; die Vernichtung des Gottes. Da die Götter immer nach der Vorstellung des Menschen geschaffen wurden - und der Durchschnittsmensch haßt, was er in sich selbst sieht - muß das Unvermeidliche geschehen: die Opferung des Gottes, der ihn selbst darstellt. Der Satanist haßt *weder* sich noch die Götter, die er sich eventuell wählt und hat kein Verlangen danach, sich selbst zu zerstören oder etwas, das für ihn steht! Aus diesem Grund könnte er nie einem Tier oder einem Kind absichtlich Schaden zufügen.

Es stellt sich die Frage, «Wer kommt dann als geeignetes Menschenopfer infrage und wie muß jemand befähigt sein, um über eine solche Person zu urteilen?» Die Antwort ist brutal einfach. Jeder, der dir Unrecht getan hat - jemand, der «seinen Weg verlassen hat», um dich zu verletzen und dir und denjenigen, die dir lieb sind, absichtlich Ärger und Kummer zu bereiten. Kurzgesagt, jemand der durch seine Taten geradewegs dazu aufruft, verflucht zu werden.

Wenn jemand durch sein verwerfliches Benehmen praktisch danach schreit, vernichtet zu werden, dann ist es wirklich deine moralische Pflicht, diesem Wunsch nachzukommen. Derjenige, der jede Gelegenheit nutzt, um auf anderen «herumzuhacken», wird oft fälschlicherweise «Sadist» genannt. In Wirklichkeit ist er jedoch ein irregeleiteter Masochist, der auf seine eigene Zerstörung hinarbeitet. Der Grund, weshalb dich jemand bösartig angreift, ist entweder, weil er vor dir oder dem, was du verkörperst, Angst hat oder weil er dir dein Glück neidet. Er ist schwach, labil und bewegt sich auf schwankendem Boden, wenn du ihn mit deinem Fluch belegst, und er ist das ideale Menschenopfer!

Manchmal kann man leicht über die Missetaten des Opfers deines Fluches hinwegsehen, wenn man bedenkt, wie «unglücklich» diese Person in Wirklichkeit ist. Es ist aber längst nicht so einfach, die zerstörerischen

Fußspuren deines Gegners zurückzuverfolgen und die Schäden wiedergutzumachen, die er verursacht hat.

Das «ideale Opfer» ist vielleicht emotional labil, kann aber trotzdem mit seinen Machenschaften *deinem* Ungestörtsein oder guten Ruf ernsthaften Schaden zufügen. «Geisteskrankheit», «Nervenzusammenbrüche», «Unausgeglichenheit», «Angstzustände», «zerrüttete Familien», «Rivalitäten unter Geschwistern» usw. mußten schon immer als bequeme Ausreden für bösartige und unverantwortliche Handlungen herhalten. Jeder, der sagt, «wir müssen versuchen, diejenigen zu verstehen, die anderen unverdientermaßen das Leben schwer machen, unterstützt und fördert ein gesellschaftliches Krebsgeschwür! Die Verteidiger dieser fanatischen Menschen verdienen, daß man ihnen gehörig auf die Finger klopft!

Verrückte Hunde werden erschlagen, und *sie* hätten eher Hilfe nötig als der Mensch, der das Thema irrationales Verhalten zu leicht nimmt! Es ist einfach zu sagen, «Na und! - diese Leute sind labil, die können mich nicht verletzen!» Aber es bleibt dabei - wenn sie die Möglichkeit haben, zerstören sie dich!

Deshalb hast du absolut das Recht, sie (symbolisch) zu vernichten, und wenn dein Fluch ihre Zerstörung bewirkt, dann freue dich darüber, daß du es warst, der die Welt von dieser Pest befreit hat! Wenn sich jemand an deinem Erfolg oder deinem Glück stört, ***schuldest du ihm nichts***! Er soll zertrampelt werden! Wenn die Menschen die Konsequenzen ihrer Taten ausbaden müßten, würden sie es sich zweimal überlegen!

LEBEN NACH DEM TOD
DURCH SELBSTERFÜLLUNG

Der Mensch weiß, daß er eines Tages sterben muß. Auch andere Tiere wissen, wenn der Tod naht, daß sie sterben müssen; aber erst wenn der Tod sicher ist, fühlt das Tier seinen bevorstehenden Abschied von dieser Welt. Und selbst dann wissen sie nicht genau, was Sterben bedeutet. Es wird oft behauptet, daß Tiere den Tod dankbar annehmen, ohne Angst oder Widerstand. Das ist eine schöne Vorstellung, die aber nur in den Fällen stimmt, wenn der Tod für das Tier unvermeidlich ist.

Wenn ein Tier krank oder verletzt ist, wird es mit aller Kraft, die ihm noch bleibt, um sein Leben kämpfen. Dieser unerschütterliche Lebenswille würde auch dem Menschen, wenn er nicht so «hochentwickelt» wäre, den Kampfgeist geben, den er zum Überleben braucht.

Es ist eine bekannte Tatsache, daß viele Menschen einfach sterben, weil sie aufgegeben haben und ihnen alles egal ist. Das ist verständlich, wenn jemand sehr krank ist und keine Hoffnung auf Heilung sieht. Aber dies ist oft nicht der Fall. Der Mensch ist faul geworden. Er hat gelernt, den bequemsten Weg zu gehen. Sogar Selbstmord ist für viele Menschen inzwischen weniger abstoßend als manche andere Sünde. Die ist ganz allein die Schuld der Religion.

Der Tod wird in den meisten Religionen als großes geistiges Erwachen gepriesen - eines, auf das man sich sein Leben lang vorbereitet. Diese Vorstellung ist sehr ansprechend für jemanden, der kein befriedigendes Leben gehabt hat; aber für diejenigen, die alle Freuden, die das Leben zu bieten hat, erfahren haben, ist mit dem Sterben eine große Furcht verbunden. Und so sollte es auch sein. Es ist diese Lust am Leben, die dem vitalen Menschen ermöglicht, nach dem unvermeidlichen Tod seiner fleischlichen Hülle weiterzuleben.

Die Geschichte zeigt, daß Menschen, die ihr Leben für ein Ideal gegeben haben, als Märtyrer vergöttert werden. Religiöse und politische Führer waren schon immer sehr raffiniert beim Aushecken ihrer Pläne. Indem sie ihren Zeitgenossen den Märtyrer als leuchtendes Beispiel hinstellen, verhindern sie die Reaktion des gesunden Menschenverstands, daß vorsätzliche Selbstzerstörung jeder tierischen Logik widerspricht. Für den Satanisten ist Märtyrertum und allgemeiner Heldenmut keine Integrität sondern Dumm-heit. Dies trifft natürlich nicht zu in Situationen, in denen die Sicherheit eines geliebten Menschen auf dem Spiel steht. Aber sein eigenes Leben für so etwas Unpersönliches wie religiöse oder politische Motive hinzugeben ist das allerletzte an Masochismus!

Das Leben ist die große Sinnesfreude; der Tod die große Enthaltsamkeit. Für jemanden, der mit seinem irdischen Dasein zufrieden ist, ist das Leben ein Fest; und niemand verläßt gern ein *gutes* Fest. Aus dem gleichen Grund wird derjenige, der das Leben auf Erden genießt, dieses nicht gern für das Versprechen eines Lebens nach dem Tod aufgeben, über das er nichts weiß.

Die östlichen mystischen Religionen bringen den Menschen bei, sich gegen jeden bewußten Erfolgswillen zu disziplinieren, damit sie mit dem «universellen kosmischen Bewußtsein» verschmelzen - also gegen alles, was zu einem ge-sunden Gefühl der Befriedigung oder des ehrlichen Stolzes auf irdische Erfolge führt!

Es ist interessant festzustellen, daß in Gegenden, in denen dieser Glaube gedeiht, materieller Reichtum nicht so einfach zu erzielen ist. Aus diesem Grund muß der vorherrschende religiöse Glaube seine Anhänger loben, wenn sie materielle Dinge ablehnen und eine Ausdrucksweise vermeiden, die auf eine gewisse materialistische Wertschätzung hindeutet. Auf diese Art können die Menschen soweit besänftigt werden, daß sie ihr Los akzeptieren, egal wie gering ihr Auskommen sein mag.

Der Satanismus verwendet viele Ausdrucksformen. Wenn es keine Bezeichnungen gäbe, würden nur wenige von uns etwas im Leben verstehen, geschweige denn eine Bedeutung damit verbinden - und Bedeutung führt zum Verstehen, etwas, das jeder will, speziell die östliche Mystik, die jedem beizubringen versucht, wie er noch länger meditieren oder noch größeren Mangel oder Schmerz ertragen kann als sein Mitmensch.

Die östlichen Philosophien predigen die Zerstörung des menschlichen Selbstvertrauens, damit es nicht sündigen kann. Es ist für den Satanisten unergründlich, wie man sich ein Selbstvertrauen vorstellen soll, das sich selbst verleugnet.

Es ist klar, daß in Ländern, wo diese Taktik als Beruhigungsmittel für die willig verarmten Menschen eingesetzt wird, eine Philosophie, die die Verneinung des Selbstbewußtseins lehrt, einer nützlichen Absicht dient - wenigstens für die Mächtigen, denn für sie wäre es zum Nachteil, wenn ihr Volk unzufrieden wäre. Aber wer jede Möglichkeit zu materiellem Gewinn hat, muß doch verrückt sein, sich diese religiöse Denkensweise auszusuchen!

Die östliche Mystik glaubt fest an die Wiedergeburt. Für einen Menschen, der praktisch nichts in diesem Leben hat, mag die Vorstellung, in einem früheren Leben eventuell ein König gewesen zu sein oder es im nächsten Leben zu werden, sehr attraktiv erscheinen und trägt dazu bei, sein Bedürfnis nach Selbstrespekt zu befriedigen. Wenn es nichts gibt, auf das er in diesem Leben stolz sein kann, dann tröstet er sich mit dem Gedanken: «Es gibt immer noch die zukünftigen Leben». Es fällt dem Menschen, der an die Wiedergeburt glaubt, einfach nicht auf, daß sein Vater, Großvater und Urgroßvater etc. kein «gutes Karma» entwickeln konnten, obwohl sie doch alle den gleichen Glauben und die gleichen ethischen Vorstellungen hatten wie er - denn warum lebt er wohl jetzt in Entbehrung und nicht wie ein Maharadscha?

Der Glaube an die Wiedergeburt führt in eine wunderschöne Phantasiewelt, in der man den geeigneten Weg finden kann, sein Selbstvertrauen auszudrücken und gleichzeitig behaupten kann, es aufgelöst zu haben. Das spiegelt sich auch in den Rollen wider, die sich die Menschen für ihr vergangenes oder zukünftiges Leben vorstellen.

Wer an die Wiedergeburt glaubt, sucht sich nicht immer einen ehrenwerten Charakter aus. Wenn er eine respektable und konservative Persönlichkeit ist, wird er oft einen schillernden Schurken oder Gangster wählen und befriedigt damit die andere Seite seines Ichs. Und eine Frau, die einen hohen sozialen Status genießt, wählt z.B. eine Hure oder eine berühmte Kurtisane für die Beschreibung ihrer Rolle in einem früheren Leben.

Wenn die Menschen sich von dem Stigma, das mit ihrer persönlichen Selbsterfüllung verbunden ist, trennen könnten, müßten sie sich nicht mit solchen Spielen etwas vormachen, wie an die Wiedergeburt zu glauben als ein Mittel, ihr natürliches Bedürfnis nach Selbstbewußtsein zu befriedigen.

Der Satanist glaubt an seine vollkommene Selbstverwirklichung. Der Satanismus ist in der Tat die *einzige* Religion, die die Förderung oder Stärkung des Selbstvertrauens befürwortet. Nur wer ausreichend Selbstvertrauen besitzt, kann es sich leisten, gütig und höflich zu anderen zu sein, ohne seinen Selbstrespekt zu verlieren. Wir denken immer, ein Angeber habe ein starkes Selbstbewußtsein; aber in Wirklichkeit entsteht seine Angeberei aus dem Bedürfnis, sein unterentwickeltes Selbstbewußtsein zu befriedigen.

Die religiösen Führer haben ihre Anhänger immer durch die Unterdrückung des Selbstvertrauens bei der Stange gehalten. Indem sie ihren Anhängern das Gefühl der Unterlegenheit geben, wird die Ehrfurcht für ihren Gott gesichert. Der Satanismus ermutigt seine Mitglieder, ein ordentlich starkes Ego zu entwickeln, das ihnen den notwendigen Selbstrespekt für ein kraftvolles Leben auf dieser Erde gibt.

Wenn ein Mensch sein ganzes Leben lang vital war und bis zum Ende um seine irdische Existenz gekämpft hat, dann weigert sich sein Selbstbewußtsein zu sterben, selbst nach dem Tod des Körpers, in dem es untergebracht war. Kleine Kinder sind um ihre sprühende Begeisterung für das Leben zu beneiden. Dies wird deutlich an dem Kind, das nicht ins Bett gehen will, weil etwas Aufregendes im Gange ist, und wenn es ins Bett gelegt wird, schleicht es sich die Treppe hinunter und guckt heimlich hinter dem Vorhang hervor. Diese kindliche Lebendigkeit ist es, die es dem Satanisten ermöglicht, durch den Schleier von Finsternis und Tod zu schauen und erdverbunden zu bleiben!

Selbstaufopferung wird von der satanischen Religion nicht befürwortet. Falls es sich nicht um eine extreme Situation handelt, in der der Tod eine Erlösung von einem unerträglichen Leben auf Erden bedeutet, wird Selbstmord vom Satanismus mißbilligt.

Die religiösen Märtyrer haben sich nicht das Leben genommen, weil es für sie unerträglich war, sondern um ihr höchstes Opfer als Werkzeug einzusetzen, den religiösen Glauben zu fördern. Wir müssen daraus schließen, daß Selbstmord, wenn er für die Kirche begangen wird, verziehen und sogar gefördert wird - obwohl ihre Schriften ihn als eine schwere Sünde bezeichnen - denn die alten religiösen Märtyrer wurden immer verehrt und vergöttert.

Es ist ziemlich merkwürdig, daß der Selbstmord von anderen Religionen nur dann für Sünde gehalten wird, wenn er freudig geschieht.

RELIGIÖSE FEIERTAGE

Der höchste aller Feiertage der satanischen Religion ist der eigene Geburtstag. Dies steht in direktem Widerspruch zum heiligsten der heiligen Tage anderer Religionen, die einen bestimmten Gott anbeten, den sie als ihr Ebenbild in anthropomorpher Form erschaffen haben, und dadurch zeigen, daß sie ihr Selbstbewußtsein gar nicht begraben haben.

Der Satanist denkt:» Warum sollte man nicht so ehrlich sein und den Gott, den man sich vorstellt, als sich selbst vorstellen.» Jeder Mensch ist ein Gott, wenn er sich selbst als Gott anerkennt. So feiert der Satanist seinen eigenen Geburtstag als wichtigsten Feiertag des Jahres. Bist du denn nicht glücklicher über deine Geburt als über die Geburt von jemandem, den du überhaupt nicht kennst? Oder, mal abgesehen von den religiösen Feiertagen, warum sollte man dem Geburtstag eines Präsidenten oder irgend einem Datum der Geschichte mehr Aufmerksamkeit schenken als dem Tag, an dem wir auf diese großartigste aller Welten gekommen sind?

Selbst wenn einige von uns nicht gewollt oder zumindest nicht geplant waren, sind wir doch froh, hier zu sein, auch wenn es sonst niemand ist! Du solltest dir auf die Schulter klopfen, dir kaufen, worauf du Lust hast, dich behandeln wie den König (oder der Gott), der du bist, und Deinen Geburtstag so aufwendig und prunkvoll wie nur möglich begehen.

Nach dem eigenen Geburtstag sind die Walpurgisnacht und Halloween oder All Hallows‘ Eve (Vorabend von Allerheiligen - Anm.d.Übers.) die beiden wichtigsten Feiertage.

St. Walpurgis - auch Walpurga oder Walburga, je nach Epoche und Region, wurde in Sussex gegen Ende des siebten oder Anfang des achten Jahrhunderts geboren und in Winburn, Dorset, erzogen, wo sie, nachdem sie den Schleier nahm, 27 Jahre lang blieb. Sie zog dann, auf Drängen ihres Onkels, St. Bonifazius und ihres Bruders St. Willibald, mit einigen Nonnen nach Deutschland, wo sie religiöse Ansiedlungen gründete. Ihre erste Niederlassung war in Bischofsheim in der Diözese von Mainz, und zwei Jahre später

(754 A.D.) wurde sie Äbtissin des Benediktinerinnenklosters in Heidenheim, in der Diözese von Eichstadt, Bayern, die ihrem Bruder Willibald unterstellt war. Dort wurde zur gleichen Zeit ein anderer ihrer Brüder, Winnebald, Vorsteher eines Mönchsklosters. Als er 760 starb, wurde sie seine Nachfolgerin und führte die Oberaufsicht über beide Häuser bis zu ihrem Tod am 25. Februar 779. Ihre Reliquien wurden nach Eichstadt gebracht und in einer Höhle begraben, aus der eine Art bituminöses Öl austrat, später bekannt als Walpurgisöl, dem man eine wundersame Wirkung gegen Krankheiten nachsagte. Die Höhle wurde zum Wallfahrtsort und eine große Kirche wurde an dieser Stelle gebaut. Man gedenkt ihrer zu verschiedenen Gelegenheiten, hauptsächlich aber am 1. Mai, der auf das Datum eines früheren heidnischen Festes fällt. All dieses langatmige Geschwafel wurde erstaunlicherweise für notwendig gehalten, um den Fortbestand des wichtigsten heidnischen Festes des Jahres zuzulassen - den großartigen Höhepunkt der Frühjahrs-Tagundnachtgleiche!

Der Vorabend des 1. Mai ist dafür bekannt, daß alle Dämonen, Gespenster, Schreckgespenster und Weiße Frauen hervorkommen und ihre wilden Gelage abhalten, und damit die Verwirklichung der Frühjahrs-Tagundnachtgleiche symbolisieren.

Halloween - All Hallows' Eve oder All Saints' Day - fällt auf den 31. Oktober oder 1. November. Ursprünglich war All Hallows' Eve eines der großartigen Feuerfeste in Britannien zur Zeit der Druiden. In Schottland bedeutete es den Zeitpunkt, wenn die Geister der Toten, die Dämonen, Hexen und Zauberer ungewöhnlich lebhaft und gnädig sind. Paradoxerweise war All Hallows' Eve auch die Nacht, in der junge Leute magische Rituale vollzogen, um ihre zukünftigen Lebenspartner zu bestimmen. Die Dorfjugend beging den Abend mit viel fröhlichem Getöse und lustvoller Feierei, aber die älteren Menschen trafen Vorkehrungen, ihre Häuser vor den bösen Geistern, Hexen und Dämonen zu schützen, die in dieser Nacht außergewöhnliche Kräfte hatten.

Die Sonnenwenden und Tagundnachtgleichen werden auch gefeiert, weil sie den ersten Tag der Jahreszeiten ankündigen. Der Unterschied zwischen einer Sonnenwende und einer Tagundnachtgleiche ist semantisch und definiert die Beziehung zwischen Sonne, Mond und den Fixsternen. Die Sonnenwende bezieht sich auf Sommer und Winter; die Tagundnachtgleiche auf Frühling und Herbst. Die Sommersonnenwende ist im Juni und die Wintersonnenwende im Dezember. Die Herbst-Tagundnachtgleiche ist im September und das Frühlings-

Äquinoktium im März. Sowohl die Tagund-nachtgleichen als auch die Sonnenwenden variieren um ein oder zwei Tage von Jahr zu Jahr, abhängig vom jeweiligen Mondzyklus, aber normalerweise fallen sie auf den 21. oder 22. des Monats. Fünf oder sechs Wochen nach diesen Tagen werden die sagenhaften satanischen Feiern zelebriert.

DIE SCHWARZE MESSE

Kein anderer Begriff wird so oft mit dem Satanismus in Verbindung gebracht wie die Schwarze Messe. Die Feststellung, daß die gotteslästerlichste aller religiösen Zeremonien nicht mehr ist als eine literarische Erfindung, ist sicherlich eine Aussage, die näher erläutert werden muß - aber nichts könnte wahrer sein.

Im allgemeinen stellt man sich die Schwarze Messe so vor: Ein abtrünniger Priester steht vor einem Altar, der aus einer nackten Frau mit breit abgespreizten Beinen und hervorgereckter Vagina besteht, in jeder ihrer ausgestreckten Hände hält sie eine schwarze Kerze aus dem Fett von ungetauften Kindern, und ein Kelch mit Urin (oder Blut) einer Prostituierten steht auf ihrem Bauch. Ein umgedrehtes Kreuz hängt über dem Altar, und dreieckige Hostien aus Mutterkorn oder einer schwarzfleckigen Rübe werden gesegnet, indem der Priester sie pflichtschuldigst zwischen den Schamlippen der Altar-Frau hin-und hergleiten läßt. Dann, so wird gesagt, folgt eine Anrufung Satans und diverser Dämonen, gefolgt von einer Reihe Gebeten und Psalmen, die rückwärts vorgetragen werden und voller Obszönitäten sind... und all das wird innerhalb der Grenzen eines «schützenden» Pentagramms vollzogen, das auf den Boden gezeichnet ist. Falls der Teufel erscheint, so tritt er immer in Form eines ziemlich eifrigen Mannes auf, mit dem Kopf eines schwarzen Bocks auf den Schultern. Dann folgt ein Schwall von Geißelungen, Gebetsbuch-Verbrennung, cunnilingus, fellatio und allgemeiner Hinterbacken-Küsserei - alles untermalt mit zotigen Zitaten aus der Heiligen Schrift und hörbarem Anspucken des Kreuzes! Wenn ein Baby während des Rituals geschlachtet werden kann, um so besser; denn jeder weiß, daß das des Satanisten Lieblingsbeschäftigung ist!

Es ist verständlich, daß diese Berichte über die Schwarze Messe, die so abstoßend klingen, ihr Ziel erreichen, nämlich, die Gläubigen an ihre Kirche zu binden. Jeder «anständige» Mensch würde sich auf die Seite des Inquisitors schlagen, wenn er von diesen Gotteslästerungen hört. Die Propagandisten der Kirche haben gute Arbeit geleistet, indem sie die Öffentlichkeit immer wieder über die Ketzereien und ruchlosen Taten der Heiden, Katharer, Bogumilen,

Templer und anderer aufklärten, die wegen ihrer dualistischen Philosophien und manchmal satanischen Logik ausgerottet werden mußten.

Die Geschichten von ungetauften Kindern, die von Satanisten gestohlen wurden, um sie für die Messe zu benutzen, waren nicht nur eine wirkungsvolle Propagandamaßnahme, sondern auch eine zuverlässige Einkommensquelle für die Kirche. Jede christliche Mutter würde schnellstens ihr Kind anständig taufen lassen, wenn sie von diesen teuflischen Kindesentführungen hört.

Eine andere Facette der menschlichen Wesensart ist, daß der Schriftsteller oder der Künstler mit lüsternen Gedanken sich seine obszönsten Vorlieben ausmalen kann, indem er die Aktivitäten dieser Ketzer beschreibt. Der Zensor, der sich pornographisches Material ansieht, damit er weiß, wovor er die anderen warnen muß, ist das moderne Gegenstück zum mittelalterlichen Chronisten der obszönen Taten der Satanisten (und natürlich auch die entsprechenden modernen Journalisten). Man vermutet, daß die umfassendste pornographische Bibliothek sich im Besitz des Vatikans befindet!

Es ist leicht ersichtlich, daß das Küssen des Hinterns des Teufels während der traditionellen Schwarzen Messe ein Vorläufer des Ausdrucks ist, mit dem man einen Menschen beschreibt, der jemandem schmeichelt, um einen materiellen Vorteil von ihm zu erhalten. Da alle satanischen Zeremonien einem sehr konkreten oder materiellen Ziel dienten, wurde der *oscularum infame* (oder Kuss der Schande) eher als symbolische Maßnahme für den irdischen als für den geistigen Erfolg angesehen.

Normalerweise wird angenommen, daß die satanische Zeremonie immer als Schwarze Messe bezeichnet wird. Eine Schwarze Messe ist *nicht* die magische Zeremonie, die von Satanisten praktiziert wird. Der Satanist setzt die Schwarze Messe nur als eine Art Psychodrama ein. Außerdem bedeutet der Begriff Schwarze Messe nicht unbedingt, daß ihre Teilnehmer Satanisten sind. Eine Schwarze Messe ist in erster Linie eine Parodie auf den Gottesdienst der römisch-katholischen Kirche, kann aber auch als Satire auf jede andere religiöse Zeremonie eingesetzt werden.

Der Satanist hält die Schwarze Messe als Gotteslästerung der orthodoxen Riten für überflüssig. Die Gottesdienste der etablierten Religionen sind schon an sich Parodien auf alte Rituale, die von den Anbetern der Erde und des

Fleisches durchgeführt wurden. In dem Bemühen, den heidnischen Glauben geschlechtslos und entmenschlicht zu machen, haben die späteren Gläubigen die ehrliche Bedeutung der Rituale verfälscht und zu den farblosen Inhalten gemacht, die heute als «wahre Messe» gelten. Selbst *wenn* der Satanist jede Nacht damit verbringen würde, eine Schwarze Messe zu feiern, so würde er nicht mehr eine Karikatur zu zelebrieren als der fromme Kirchgänger, der unwissentlich seine eigene «Schwarze Messe» besucht - *seine* Parodie auf die ehrlichen und gefühlvollen Riten der heidnischen Antike.

Jede Zeremonie, die man als Schwarze Messe betrachten kann, muß schockierend und empörend sein, denn das ist offensichtlich die Voraussetzung für ihren Erfolg. Im Mittelalter galt Gotteslästerung als schockierend. Heutzutage hat die Kirche nicht mehr das ehrfurchtgebietende Image wie zu Zeiten der Inquisition. Die traditionelle Schwarze Messe ist längst nicht mehr das ungeheuerliche Schauspiel für den dilettantischen oder abtrünnigen Priester, die sie einmal war. Wenn der Satanist ein Ritual erstellt, das als Psychodrama zur Bloßstellung einer etablierten Einrichtung dienen soll, so achtet er sorgfältig darauf, nicht ein Modethema auszuwählen, das bereits als Parodie verwendet wurde. Auf diese Weise schlachtet er dann wirklich eine heilige Kuh.

Heutzutage würde eine Schwarze Messe solche «heiligen» Themen bloßstellen wie östlichen Mystizismus, Psychiatrie, die psychodelische Bewegung, Ultra-Liberalismus. Patriotismus würde gefördert, Drogen und ihre Gurus schlechtgemacht, kulturlose Militante würden vergöttert, und der Verfall der kirchlichen Theologien könnte sogar einen satanischen Anschub erhalten.

Der satanische Magus war immer der Katalysator bei der Entwicklung gängiger Glaubensvorstellungen, und in diesem Fall kann eine Zeremonie nach Art der schwarzen Messe einem weitreichenden magischen Zweck dienen.

Im Jahr 1666 ereigneten sich in Frankreich einige sehr interessante Vorfälle. Nach dem Tod von Francois Mansart, dem Schöpfer des Trapezoids, dessen Geometrien zum Prototyp des Geisterhauses werden sollten, wurde der Palast von Versailles nach seinen Plänen errichtet. Die letzte glanzvolle Priesterin Satans, Jeanne-Marie Bouvier (Madame Guyon) wurde übertrumpft von einer scharfsinningen Opportunistin und herzlosen Geschäftsfrau namens Catherine Deshayes, auch bekannt als «LaVoisin». Sie war eine ehemalige Kosmetikerin, die, während sie sich in Abtreibungen versuchte und äußerst wirkungsvolle Gifte für Damen besorgte, die ihre Ehemänner oder Liebhaber zu beseitigen wünschten, in den reißerischen Berichten über «Schwarze Messen» ihre Inspiration fand.

Man kann mit Sicherheit sagen, daß 1666 das Jahr der ersten «kommerziellen» Schwarzen Messe war! In der Gegend südlich von St. Denis, heute La Garenne, erwarb die LaVoisin ein großes, von Mauern umgebenes Haus, ausgestattet mit Apotheken, Zellen, Laboratorien und...einer Kapelle. Bald wurde es ein Muß für das Königshaus und einfache Laien, an den in diesem Kapitel schon beschriebenen Zeremonien teilzunehmen. Der organisierte Betrug, der sich durch diese Zeremonien zog, ging unauslöschlich als «echte Schwarze Messe» in die Geschichte ein.

Als die LaVoisin am 13. Mai 1679 (übrigens in der Kirche unserer Lieben Frau der guten Botschaft) verhaftet wurde, waren die Würfel schon gefallen. Die erniedrigenden Aktivitäten der LaVoisin hatten die Würde des Satanismus für viele kommende Jahre zunichtegemacht.

Die Marotte, Satanismus als Spaß und Spiel zu betreiben, begann in England Mitte des 18. Jahrhunderts, in Form von Sir Francis Dashwood's Orden der Medmanham Franziskaner, im Volksmund Hell Fire Club genannt. Indem er Blut, Gemetzel und Babyfett-Kerzen wegließ, leitete Sir Francis Rituale voller deftigem Spaß und schuf somit eine farbenprächtige und harmlose Form des Psychodramas für viele der führenden Köpfe seiner Zeit. Eine interessante Nebenbeschäftigung von Sir Francis, die einen Hinweis auf das Klima des Hell Fire Clubs gibt, war eine Gruppe, die Dilettanten Club genannt wurde, und deren Gründer er war.

Im 19. Jahrhundert wurde der Satanismus verfälscht durch die kläglichen Versuche von «Weißmagiern», «Schwarze» Magie zu praktizieren. Das war ein sehr paradoxer Zeitabschnitt für den Satanismus, mit Schriftstellern wie Baudelaire und Huysmans, die trotz ihrer offensichtlichen Bessenheit vom Bösen nette Kerle zu sein schienen. Der Teufel entwickelte seine luziferianische Persönlichkeit in aller Öffentlichkeit und wurde mit der Zeit zu einer Art Salonlöwe. Das war das Zeitalter der «Experten» der Schwarzen Kunst, wie Eliphas Levi und zahllosen Trance-Medien, die es mit ihren sorgsam in Grenzen gehaltenen Geistern und Dämonen bis heute erreicht haben, auch den Verstand vieler, die sich selbst als Parapsychologen bezeichnen, in Grenzen zu halten!

Was den Satanismus angeht, so waren die deutlichsten Anzeichen für diese Entwicklung die neo-paganistischen Riten von MacGregor Mathers' Hermetischen Orden der Goldenen Dämmerung, von Aleister Crowley`s späterem Orden des Silbernen Sterns (A.'. A.`. - Argentinum Astrum) sowie vom Orden der orientalischen Tempelherren (O.T.O. - Ordo Templi Orientis); die geradezu paranoisch jede Verbindung mit dem Satanismus leugneten, trotz des von Crowley auf sich selbst bezogenen Bildes des Biestes aus der Offenbarung. (Der O.T.O. ist Crowley`s Imitation der deutschen Sekte mit gleichen Namens, die ursprünglich 1902 gegründet wurde, und von der einige Prinzipien in diesem Buch dargestellt sind.) Wenn Crowley nicht gerade auf Berge stieg, verbrachte er, abgesehen von recht bezaubernder Poesie und einem Halbwissen an magischem Nippes, seine meiste Zeit als Blender par exellence und machte Überstunden im Bösesein. Wie sein Zeitgenosse, (Rev.?) Montague Summers, lief Crowley offensichtlich den größten Teil seines Lebens mit einem Knoten in der Zunge herum, aber seine Anhänger sind heute irgendwie imstande, einen esoterischen Sinn aus jedem seiner Worte herauszulesen.

Mit diesen Gesellschaften in Übereinstimmung befanden sich die Sex Clubs, die den Satanismus als ihre Grundlage benutzten - und zwar bis heute, sehr zur Freude der Boulevardpresse.

Wenn es also so aussieht, daß die Schwarze Messe sich aus einer literarischen Erfindung der Kirche zu einer lasterhaften kommerziellen Realität entwickelt hat, zu einem Psychodrama für Dilettanten und Bilderstürmer, zu einem Trumpf im Ärmel der Massenmedien... *wo* ist dann der Zusammenhang zum wahren Wesen des Satanismus - und *wer* praktizierte satanische Magie in den Jahren nach 1666?

Die Lösung dieses Rätsels findet sich in einem weiteren Rätsel. Praktiziert derjenige, der als Satanist angesehen wird, wirklich Satanismus in seinem wahrhaften Sinn oder eher aus der Sicht der Meinungsmacher himmlischer Glaubensrichtungen? Es wurde oft und richtigerweise gesagt, daß alle Bücher über den Teufel von Stellvertretern Gottes geschrieben wurden. Deshalb ist es einfach nachzuvollziehen, wie durch die Lügen von Theologen eine gewisse Brut von Teufelsanbetern erfunden wurde. Dieser einstige «böse» Mensch praktiziert nicht unbedingt den *wahren* Satanismus. Auch ist er nicht die Verkörperung des uneingeschränkten Stolzes auf sich selbst, die dazu führte, daß die neo-paganistische Welt von der Kirche als böse bezeichnet wird. Er ist statt dessen das Produkt späterer und ausgefeilterer Propaganda.

Der Pseudo-Satanist hat es immer wieder fertiggebracht, durch seine schwarzen Messen mit mehr oder weniger heftiger Gotteslästerung in der modernen Geschichte aufzutauchen; aber der *wirkliche* Satanist ist nicht ganz so einfach als solcher zu erkennen.

Es wäre vereinfacht zu sagen, daß alle erfolgreichen Männer oder Frauen auf Erden ohne es zu wissen, praktizierende Satanisten sind; aber das Streben nach irdischem Erfolg und seine Verwirklichung sind sicher ein guter Grund für den heiligen Petrus, ein vernichtendes Urteil zu sprechen. Wenn es für den reichen Menschen so schwierig zu sein scheint, in den Himmel zu kommen, wie für das Kamel, durch ein Nadelöhr zu gehen; wenn die Liebe zum Geld die Wurzel alles Bösen ist; dann müssen wir einfach daraus schließen, daß die mächtigsten Menschen auf dieser Welt die größten Satanisten sind. Dies trifft auf Finanziers, Industrielle, Päpste, Poeten, Diktatoren und alle mit ihnen verbundenen Meinungsmacher und Drahtzieher des Geschehens auf dieser Erde zu.

Gelegentlich wird durch eine «undichte Stelle» bekannt, daß einer dieser rätselhaften Männer oder eine dieser Frauen dabei ertappt wurde, sich in Schwarzer Magie zu versuchen. Diese gehen dann natürlich als «geheimnisvolle Persönlichkeiten» in die Geschichte ein. Namen wie Rasputin, Sacharow, Cagliostro, Rosenberg und ihresgleichen sind sozusagen Anhaltspunkte für das Vermächtnis Satans... ein Vermächtnis, das über ethnische, rassische und wirtschaftliche Unterschiede sowie irdische Ideologien hinausgeht. Der Satanist hat immer die Welt regiert... und er wird es immer tun, egal, wie man ihn nennt.

Eines ist sicher: Die Maßstäbe, die Philosophie und die Praktiken, die auf diesen Seiten dargelegt werden, werden von den selbstbewußtesten und mächtigsten Menschen auf dieser Erde angewandt. In den geheimen Gedanken jeder Frau und jedes Mannes mit gesundem und klaren Menschenverstand ruht die Fähigkeit zum Satanisten. Das Zeichen der Hörner soll Vielen erscheinen und nicht nur einigen Wenigen; und der Magier wird sich zeigen, auf daß man ihn erkennt.

(ERDE)

DAS BUCH BELIAL

DIE HERRSCHAFT ÜBER DIE ERDE

Der Grund für die große Anziehungskraft der Magie ist nicht ihre Anwendung, sondern die Art und Weise, wie sie dargestellt wird. Das Element des Geheimnisvollen, das die Schwarzen Künste so sehr umhüllt, wurde stets entweder wohlüberlegt oder aus Unwissenheit von denen gepflegt, die sich oft als die größten Experten in diesen Dingen ausgeben. Wenn die kürzeste Entfernung zwischen zwei Punkten eine Gerade ist, dann haben die etablierten Okkultisten offensichtlich Labyrinthe geschaffen. Die Grundlagen der zeremoniellen Magie wurden lange als äußerst geheime Bestandteile des schulmäßigem Mystizismus betrachtet, und die Möchtegern-Zauberer wurden das Opfer der Kunst der Irreleitung, die sie eigentlich ***selbst*** einsetzen sollten! Das erinnert an den Studenten der angewandten Psychologie, der glaubt, alle Antworten zu kennen, aber nicht in der Lage ist, Freunde zu gewinnen.

Was nützt das Studium der Unwahrheiten, es sei denn, daß alle an Unwahrheiten glauben? Viele ***glauben*** zwar an Unwahrheiten, aber ***handeln*** nach den Naturgesetzen. Auf dieser Prämisse beruht die Satanische Magie. Dies ist eine Fibel - ein Grundlagentext der materialistischen Magie. Quasi ein satanischer Duden.

Belial bedeutet «ohne Meister» und symbolisiert wirkliche Unabhängigkeit, geistige Selbständigkeit und persönliche Erfüllung. Belial verkörpert das Element Erde, und darin enthalten ist Magie, die mit beiden Beinen auf dem Boden steht - greifbare, handfeste magische Arbeit - keine mystischen Plattheiten ohne objektive Begründung. Probiere nicht länger herum. Hier geht es um den Kern der Sache!

THEORIE UND PRAXIS DER SATANISCHEN MAGIE
(Definition und Zweck)

Die Definition der Magie, wie sie in diesem Buch beschrieben wird, lautet: «Veränderung von Situationen oder Ereignissen entsprechend dem eigenen Willen, die mit allgemein üblichen Methoden nicht verändert werden können.» Dies läßt zugegebenermaßen einen großen Spielraum für persönliche Auslegungen. Manche behaupten, daß diese Anweisungen und Verfahren nichts anderes sind als angewandte Psychologie, oder wissenschaftliche Tatsachen, die mit «magischen» Begriffen bezeichnet werden - bis sie auf eine Stelle im Text stoßen, die sich «wissenschaftlich nicht erklären läßt». Aus diesem Grund wurde auch nie versucht, die Erklärungen für einen bestimmten festgelegten Begriff zu begrenzen. Magie ist niemals völlig wissenschaftlich erklärbar, aber Wissenschaft wurde immer mal für Magie gehalten.

Es gibt keinen Unterschied zwischen «Schwarzer» und «Weißer» Magie, außer in der selbstgefälligen Heuchelei, der schuldgeplagten Selbstgerechtigkeit und dem Selbstbetrug des «weißen» Magiers persönlich. In der klassischen religiösen Tradition wird «Weiße» Magie für uneingennützige, wohlmeinende und «gute» Zwecke eingesetzt, während «Schwarze» Magie für persönliche Glorifizierung und Macht sowie für «böse» Zwecke ausgeübt wird. Niemand auf dieser Welt, der sich mit okkulten Studien, Metaphysik, PSI, Yoga oder irgendwelchen anderen «Weißlicht» - Inhalten beschäftigt, tut dies ohne das Ziel der persönlichen Genugtuung und Stärkung der eigenen Macht. Der eine geht lieber im Büßerhemd und der andere in Seide. Des einen Freud ist des anderen Leid, und das trifft auch auf «Gut» und «Böse» zu. Jeder praktizierende Magier ist überzeugt davon, daß seine Art der Magie die «richtige» ist.

Es gibt zwei Kategorien von Magie, rituell bzw. zeremoniell und nicht-rituell bzw. manipulativ. Ritualmagie beinhaltet die Durchführung einer formalen Zeremonie, die zumindest teilweise in einem für diese Zwecke und für eine bestimmte Zeit abgegrenzten Raum stattfindet. Ihre Hauptaufgabe ist es, ansonsten anderweitig vergeudetes Adrenalin und emotionell hervorgerufene Energie zu isolieren und in eine dynamisch übertragbare Kraft umzuwandeln. Das Ritual ist eine rein emotionale und keine intellektuelle Angelegenheit. Jegliche intellektuelle Handlung muß *vor* und nicht *während* der Zeremonie stattfinden. Diese Art der Magie wird manchmal als «Höhere Magie» bezeichnet.

Nicht-rituelle oder manipulative Magie, auch «niedere Magie» genannt, besteht aus der List und Tücke, die man erreicht durch den Einsatz bestimmter Mittel und künstlich hervorgerufener Situationen, und deren Anwendung zu «einer Veränderung in Übereinstimmung mit dem eigenen Willen» führt. In früheren Zeiten wurde dies als «Faszination», «Ausstrahlung» oder «böser Blick» bezeichnet.

Die meisten Opfer der Hexenprozesse waren gar keine Hexen. Oft waren die Opfer exzentrische alte Frauen, die entweder senil oder gesellschaftlich nicht angepaßt waren. Andere waren außergewöhnlich attraktive Frauen, die die Aufmerksamkeit mächtiger Männer auf sich lenkten und ihren Annäherungsversuchen nicht nachgaben. Die richtigen Hexen wurden selten hingerichtet oder vor Gericht gestellt, da sie die Kunst der Bezauberung beherrschten und mit ihrem Charme ihr Leben retten konnten. Die meisten wirklichen Hexen haben mit den Inquisitoren geschlafen. Das ist der Ursprung des Wortes «Ausstrahlung». Die alte Bedeutung von Ausstrahlung war Hexerei. Das wichtigste Gut einer modernen Hexe ist ihre Fähigkeit, verlockend zu wirken bzw. ihre Ausstrahlung einzusetzen. Das Wort «Faszination» hat eine ähnliche okkulte Bedeutung. Mit Faszination wurde das böse Auge beschrieben. Den Blick eines Menschen auf sich zu ziehen, mit anderen Worten, ihn zu faszinieren, bedeutete, ihn mit dem bösen Blick zu verfluchen. Wenn es also eine Frau die Fähigkeit besaß, Männer zu faszinieren, wurde sie als Hexe angesehen.

Ein wichtiger Bestandteil der Ausbildung einer Hexe oder eines Hexers ist der wirkungsvoll eingesetzte Befehl «*Hersehen*». Um jemanden zu manipulieren, muß man zuerst seine Aufmerksamkeit erregen und halten.

Die Methoden, mit denen der Befehl «hersehen» durchgesetzt werden kann, sind Sex, Gefühl oder Wunder bzw. eine Kombination der drei. Eine Hexe muß *ehrlich* entscheiden, in welche der Kategorien sie ihrem Wesen nach am besten paßt. Die erste Kategorie, Sex, ist offensichtlich. Wenn eine Frau attraktiv ist oder sexuelle Anziehungskraft besitzt, sollte sie alles unternehmen, um sich so verlockend wie möglich darzustellen und somit ihr Geschlecht als ihre mächtigste Waffe einzusetzen. Wenn sie erst einmal die

Aufmerksamkeit eines Mannes durch ihre sexuelle Ausstrahlung erregt hat kann sie ihn nach ihrem Willen beeinflussen. Die zweite Kategorie ist das Gefühl. Üblicherweise fallen ältere Frauen in diese Kategorie. Hierzu gehört die «weise Frau», die in einem kleinen Häuschen auf dem Lande wohnt, und von der die Leute denken, daß sie ein wenig exzentrisch ist. Kinder sind üblicherweise fasziniert von dieser Art Hexe, da sie ihre Phantasie anregt, und junge Erwachsene holen sich bei ihr weise Ratschläge. Durch ihre Unschuld können Kinder ihre magische Kraft wahrnehmen. Indem sie ihr Image als nette alte Damen von nebenan pflegt, kann sie die Kunst der Irreführung einsetzen, um ihre Ziele zu erreichen. Die dritte Kategorie ist das Wunder. Diese Kategorie paßt zu Frauen, an deren Aussehen etwas Seltsames oder Furchteinflößendes ist. Damit können sie die Menschen beeinflussen, weil diese ganz einfach Angst vor den Konsequenzen haben, wenn sie nicht gehorchen.

Manche Frauen passen gleichzeitig in mehrere Kategorien. Zum Beispiel kann das junge Mädchen, das sauber und unschuldig wirkt, aber gleichzeitig sehr sexy ist, Sex mit Gefühl kombinieren. Oder die Femme fatale, die ihren Sexappeal mit einem finsteren Unterton verbindet, kann Sex und Wunder einsetzen. Wenn die Hexe ihre Fähigkeiten analysiert hat, muß sie entscheiden, in welche Kategorie, bzw. Kombination von Kategorien sie fällt und kann diese dann in der angemessensten Art einsetzen.

Auch ein Mann, der ein erfolgreicher Magier werden will, muß die für ihn geeignete Kategorie aussuchen. Der attraktive oder sexuell anziehende Mann fällt natürlich in die erste Kategorie - Sex. Die zweite Kategorie, Gefühl, paßt zum älteren Mann, der z.B. elbenhaft oder als Waldbewohner auftritt. Der nette alte Opa (oft ein alter Lustmolch!) fällt auch in die Kategorie Gefühl. Der dritte Typ Mann ist der mit dem finsteren oder teuflischen Aussehen. Genau wie die Frauen muß jeder dieser Männer seine spezielle Wesensart einsetzen, um den Blick auf sich zu ziehen.

Sein Aussehen einzusetzen, um emotionale Reaktionen zu erzielen, ist eines der wichtigsten Mittel in der Praxis der niederen Magie. Jeder, der so dumm ist, zu sagen «Die äußere Erscheinung ist unwichtig», täuscht sich schwer. Gutes Aussehen ist nicht nötig, aber ein «Aussehen» ist unbedingt notwendig!

Geruch ist ebenfalls ein wichtiger Faktor der Beeinflussung in der niederen

Magie. Tiere fürchten sich und mißtrauen bekanntlich allem, das nicht riecht. Und auch wenn wir, als menschliche Tiere, das Urteil, das wir mit dem Geruchssinn fällen, vom Verstand her ablehnen, so werden von ihm doch genau so beeinflußt wie die Vierbeiner. Wenn du ein Mann bist und eine Frau bezaubern willst, lasse die natürlichen Ausdünstungen deines Körpers ausströmen, als animalischen Kontrast zu deiner korrekten Erscheinung. Wenn du als Frau einen Mann verzaubern willst, sollst du nicht fürchten, daß du ihn «beleidigst», nur weil du die Öle und Düfte deines Körpers nicht abgeschrubbt hast oder die Stelle zwischen deinen Schenkeln nicht trocken und steril ist. Diese natürlichen Gerüche sind die sexuellen Reizmittel, die die Natur in ihrer magischen Weisheit geschaffen hat.

Alle Gerüche, die angenehme Erinnerungen und Nostalgie hervorrufen, stimulieren das Gefühl. Den Magen eines Mannes zu bezaubern beginnt schon mit dem leckeren Duft des Essens! Für den «Gefühlstyp» unter den Hexen ist diese Art der Verzauberung am praktischsten. Man braucht sich auch gar nicht lustig zu machen über die Taktik des Mannes, der eine junge Frau bezaubern wollte, die ihren Kindheitserlebnissen in einem Fischerdorf nachtrauerte: Die Methoden der niederen Magie nutzend, steckte er sich eine Makrele in die Hosentasche und erntete die Früchte der großen Liebe.

DIE DREI ARTEN DES SATANISCHEN RITUALS

In der satanischen Magie gibt es drei Arten von Zeremonien. Jede spricht ein bestimmtes menschliches Grundgefühl an. Die erste ist das sexualmagische Ritual.

Ein sexualmagisches Ritual ist das, was üblicherweise als Liebeszauber bezeichnet wird. Der Zweck eines solchen Rituals ist es, Verlangen nach dir in der Person zu wecken, die du begehrst oder einen Geschlechtspartner herbeizurufen, der deine Wünsche befriedigt. Wenn du keine bestimmte Person oder eine Art von Person im Sinn hast, deren Vorstellung dich so anregt, daß es zum Orgasmus kommt, wirst du keinen Erfolg bei deiner Arbeit haben. Und falls du zufällig trotzdem mit dem Ritual Erfolg hast, wäre es doch ziemlich umsonst, wenn du die Gelegenheit nicht nutzen kannst, weil es dir an Anregung oder Verlangen mangelt. Man kann leicht Beschwörung aus tiefergehenden Motiven mit Liebeszauber zur Erfüllung sexueller Bedürfnisse verwechseln.

Beschwörungen mittels Zeremonialmagie zur Stärkung der eigenen Macht sind Mitleids- oder Schadensrituale oder beides. Wenn du unbedingt etwas haben willst oder brauchst, weil du sonst unglücklich oder verärgert bist, und du es erhalten kannst durch die Anwendung von Bezauberung und Beschwörungen, ohne jemandem Schaden zuzufügen, dann ist das Mitleidsritual das richtige, um deine Macht zu vergrößern. Wenn du ein Opfer, das es verdient hat, für deine Ziele verzaubern oder zu etwas verleiten willst, wendest du ein Schadensritual an. An diese Formeln sollte man sich strikt halten, weil die Anwendung eines falschen Rituals zu Problemen komplizierter Art führen kann.

Ein gutes Beispiel ist die junge Frau, die sich belästigt fühlt von einem unbarmherzigen Verehrer. Wenn sie ihm nicht falsche Hoffnungen gemacht hat, dann sollte sie ihn als das betrachten, was er ist, nämlich ein psychischer Vampir und ihn seine masochistische Rolle spielen lassen. Wenn sie ihn aber frivol bezaubert und ermutigt hat, dann ist es ihre eigene Schuld, wenn sie zum Objekt seiner ständigen Begierde wird, und er ihr lästig ist. Solche Übungen dienen lediglich der Selbstbestätigung für Charaktere, die aus mangelndem Selbstvertrauen solche kleinen Hexereien nötig haben. Der Satanist hat dagegen genügend Selbstbewußtsein, um Beschwörungen für die eigene sexuelle Erfüllung einzusetzen oder zur Erlangung von Macht oder eines bestimmtes Erfolges.

Die zweite Art eines Rituals ist mitleidiger Natur. Das Mitleids- oder Sympathieritual wird durchgeführt, um anderen oder sich selbst zu helfen. Gesundheit, häusliches Glück, wirtschaftliche Aktivitäten, materieller oder schulischer Erfolg sind nur einige der Gründe, aus denen man ein Mitleidsritual anwenden kann. Man kann durchaus sagen, daß diese Art der Zeremonie die *wirkliche* Wohltätigkeit ist, denn, so heißt es, «Wohltätigkeit beginnt zu Hause».

Die dritte motivierende Kraft für ein Ritual ist die der Zerstörung. Diese Zeremonie wird angewendet aus Zorn, Verärgerung, Geringschätzung, Verachtung oder aus purem Haß. Dieses Ritual ist bekannt als Verhexen, als Fluch oder als Mittel der Zerstörung.

Einer der größten Irrtümer der rituellen Magie ist die Annahme, daß das Opfer eines Fluches an die Kräfte der Magie glauben muß, um geschädigt oder vernichtet zu werden. Nichts ist weiter von der Wahrheit entfernt, denn die größten Spötter waren schon immer die leichtesten Opfer. Der Grund ist erschreckend einfach. Der unzivilisierte Stammesangehörige ist der erste, der zu einem Hexendoktor oder Schamanen rennt, wenn er glaubt, daß ein Fluch gegen ihn von einem Feind ausgestoßen wurde. Die Drohung und das Vorhandensein von Schmerz und Pein sind ihm ständig im Bewußtsein, und der Glaube an die Macht des Fluches ist so stark, daß er jede Vorsichtsmaßnahme dagegen ergreift. Durch Anwendung von Sympathiemagie wirkt er jedem Mitgeschick, das ihm begegnen könnte, entgegen. Dieser Mensch paßt auf sich auf und geht kein Risiko ein.

Der «Aufgeklärte» dagegen, der keinen Pfifferling für solchen «Aberglauben» gibt, verbannt seine instinktive Furcht vor dem Fluch ins Unbewußte, wo sie zu einer enormen zerstörerischen Macht anwächst, die mit jedem Unglück größer wird. Selbstverständlich leugnet der Ungläubige nach jedem neuen Rückschlag automatisch einen Zusammenhang mit dem Fluch, besonders *sich selbst* gegenüber. Dieses bewußte heftige Verleugnen der Macht eines Fluches führt letztendlich zu seinem Erfolg, weil das Opfer ständig vom Pech verfolgt wird. In vielen Fällen wird das Opfer jeglichen magischen Einfluß auf sein Schicksal abstreiten, sogar bis zum letzten Atemzug - obgleich der Magier hoch zufrieden ist, daß seine gewünschten Resultate eingetroffen sind. Es muß noch einmal daran erinnert werden, *daß es unerheblich ist, ob jemand deiner Arbeit Bedeutung beimißt, so lange die Ergebnisse der Arbeit mit deinem Willen übereinstimmen.* Der Super-Logiker wird das Ergebnis eines Rituals immer als «Zufall» bezeichnen.

Ob Magie nun für konstruktive oder destruktive Zwecke praktiziert wird, der Erfolg der Operation ist abhängig von der Empfänglichkeit der Person, die die Segnungen oder den Fluch empfängt. Im Falle eines sexualmagischen oder Mitleidsrituals *hilft* es, wenn der Empfänger an die Kräfte der Magie glaubt, aber das Opfer eines Fluchs ist viel anfälliger für Zerstörung, wenn es *nicht* daran glaubt! So lange der Mensch Furcht empfindet, braucht er Mittel und Wege, um gegen seine Angst anzukämpfen. Niemand weiß alles, und so lange es Wunder gibt, wird es immer eine Vorstellung vom Unbekannten geben, wo potentiell gefährliche Kräfte herrschen. Es ist diese natürliche Furcht vor dem Unbekannten, ein naher Verwandter der Faszination für das Unbekannte, die den Logiker zu weiteren Erklärungen treibt. Natürlich ist auch der Wissenschaftler motiviert, selbst Wunder zu entdecken. Und dann ist bedauerlicherweise er, der sich selbst als logisch denkend bezeichnet, oft der Letzte, der die Bedeutung der Ritualmagie erkennt.

Wenn religiöser Glaube und Inbrunst blutende Wunden hervorbringen können, ähnlich denjenigen, die Christus zugefügt worden sein sollen, dann nennt man das Stigmata. Diese Wunden treten auf als Ergebnis eines extrem empfundenen Mitgefühls. Warum sollte es also keine zerstörerischen Extreme von Furcht und Schrecken geben. Die sogenannten Dämonen haben ebenso die Macht, das Fleisch zu zerreißen und zu vernichten, wie es eine Handvoll längst weggerosteter Nägel schafft, eine bluttropfende Extase bei jemandem zu erzeugen, der glaubt, am Kreuz auf dem Calvarienberg zu hängen.

Darum versuche nie, den Skeptiker zu überzeugen, den du verfluchen willst. Lasse ihn spotten. Wenn du ihn aufklärst, schmälert das nur deine Erfolgschancen. Höre dir mit gütigem Selbstbewußtsein sein Gelächter über deine Magie an, wissend, daß in seinem Leben ein völliges Durcheinander herrscht. Wenn er verabscheuungswürdig genug ist, wird er durch Satan`s Gnade sterben - lachend!

EIN WORT DER WARNUNG GERICHTET AN DIEJENIGEN, DIE DIESE KÜNSTE AUSÜBEN WOLLEN!

Sex oder Lust betreffend:
Nutze sämtliche Zaubersprüche und Anrufungen, die geeignet sind; wenn du ein Mann bist, tauche dein erigiertes Glied in sie mit lasziver Freude; wenn du eine Frau bist, spreize deine Schenkel weit in lustvoller Vorfreude.

Mitleid betreffend:
Vergewissere dich, daß du es nicht bereust, anderen geholfen zu haben, falls ihre neuerworbenen Segnungen zum Hindernis für dich werden. Sei dankbar für die Dinge, die du durch die Anwendung von Magie bekommen hast.

Zerstörung betreffend:
Sei sicher, daß es dich *nicht* kümmert, ob das potentielle Opfer tot oder lebendig ist, bevor du den Fluch ausstößt, und wenn du seine Vernichtung erreicht hast, dann freue dich und habe keine Gewissensbisse.

BEACHTE DIESE REGELN GUT - SONST WIRST DU EINE UMKEHRUNG DEINER WÜNSCHE ERLEBEN, DIE DIR SCHADEN ANSTATT DIR ZU HELFEN!

DER RITUALRAUM ODER DIE «INTELLEKTUELLE UNTERDRUCKKAMMER»

Eine magische Zeremonie kann allein oder in einer Gruppe durchgeführt werden, aber die jeweiligen Vorteile sollten geklärt werden.

Ein Gruppenritual fördert sicher mehr die Stärkung des Vertrauens und das Gefühl der Macht als eine private Zeremonie. Das Zusammentreffen von Leuten, die sich derselben Philosophie verschrieben haben, bringt einfach eine Erneuerung des Vertrauens in die Kräfte der Magie mit sich. Die religiöse Prachtentfaltung unterstützt dieses Gefühl. Wenn Religion dagegen dauerhaft zu einer einsamen Angelegenheit wird, dann führt sie zu Selbstverleugnung und eigenbrödlerischem Verhalten.

Aus diesem Grund sollte der Satanist versuchen, andere Leute zu finden, mit denen er zusammen diese Zeremonien durchführen kann.

Bei einem Fluch oder Schadensritual hilft es dem Magier manchmal, wenn seine Wünsche durch andere Gruppenmitglieder verstärkt werden. Es gibt nichts bei dieser Art von Zeremonie, das die Teilnehmer in Verlegenheit bringen kann, da die wichtigsten Bestandteile des Rituals der Zorn und die symbolische Vernichtung des Opfers sind.

Dagegen läßt sich ein Mitleidsritual, bei dem Tränen fließen oder ein sexualmagisches Ritual mit Masturbation und Orgasmus, am erfolgreichsten allein durchführen.

Im Ritualraum ist kein Platz für Befangenheit, es sei denn, daß diese Befangenheit Bestandteil einer Rolle ist, die zum eigenen Vorteil gespielt wird, z.B.: die zurückhaltende Frau, die Scham verspürt, wenn sie als Altar dient und durch ihre Verlegenheit plötzlich eine sexuelle Stimulation empfindet.

Auch bei einem ganz persönlichen Ritual sollten die einleitenden Anrufungen und Gerätschaften vor den intimen Phantasien und Handlungen eingesetzt werden. Der formale Teil des Rituals kann im selben Raum ausgeführt werden wie das anschließende persönliche Werk - oder die formale Zeremonie in einem und die persönliche an einem anderen. Anfang und Ende des Rituals müssen in dem Raum stattfinden, wo die symbolischen Gegenstände sind (Altar, Kelch etc.).

Der formale Beginn und das Ende der Zeremonie sind dogmatisch und anti-intellektuell und sollen die Welt draußen abgrenzen von den Aktivitäten im Ritualraum, wo der Wille nicht abgelenkt werden darf. Dieser Aspekt der Zeremonie ist ***ganz besonders*** wichtig für den Intellektuellen, da ***speziell*** er den «Unterdruck»-Effekt des Raumes nötig hat, in Form von Gesang, Glocken, Kerzen und anderen Dingen, bevor er seinen reinen Willen bei der Darstellung und Anwendung seiner Vorstellungen zielgerichtet einsetzen kann.

Wie ***alle*** religiösen Handlungen kann die «intellektuelle Unterdruckkammer» des satanischen Tempels als Trainingsraum für zeitweilige Unwissenheit bezeichnet werden. Der Unterschied besteht jedoch darin, daß der Satanist ***weiß***, daß er eine Art künstlicher Unwissenheit ausübt, um seinen Willen zu stärken, wogegen andere Religiöse dies nicht wissen - oder wenn sie es wissen, sich sofort in der Kunst der Selbstverleugnung üben, die solche Erkenntnisse verbietet. Ihr Selbstbewußtsein ist bereits von der religiösen Indoktrination viel zu angeschlagen, als daß sie einen Sachverhalt wie selbstauferlegtes Unwissen zugeben könnte!

DIE BESTANDTEILE SATANISCHER MAGIE

A. Begehren

Der erste Bestandteil bei der Durchführung eines Rituals ist das Begehren, auch Motivation, Verlockung oder emotionale Überzeugung genannt. Wenn du ein bestimmtes Ergebnis gar nicht wirklich wünscht, solltest du kein Werk ausführen.

Man kann kein Werk «probehalber» vollbringen, und die einzige Möglichkeit, daß ein Magier irgendwelche «Tricks» machen kann, wie Gegenstände zu bewegen, ist, daß er einen starken emotionalen Grund dafür hat. Es stimmt zwar, daß der Magier, der seine Macht vergrößern will, indem er andere mit seinen Künsten beeindruckt, greifbare Beweise seines Könnens vorlegen muß. Das satanische Konzept der Magie sieht jedoch keine Genugtuung durch das Zurschaustellen magischer Fähigkeiten vor.

Der Satanist zelebriert ein Ritual zur Erfüllung seiner Wünsche und verschwendet weder Zeit noch Energie auf solche unergiebigen Dinge, wie einen Bleistift mit magischer Kraft auf dem Tisch herumrollen zu lassen, etc. Die Menge an Energie, die gebraucht wird, um eine Teetasse durch Levitation (wirklich) zu bewegen, würde ausreichen, um eine bestimmte Idee in die Köpfe von Menschen quer über den Globus zu pflanzen, und sie damit deinem Willen zu unterwerfen. Der Satanist weiß, auch wenn er die Teetasse erfolgreich schweben lassen könnte, ihm sowieso unterstellt wird, einen Trick angewendet zu haben. Wenn der Satanist also irgendwelche Gegenstände schweben lassen will, dann benutzt er Draht, Spiegel oder andere Hilfsmittel und spart somit seine eigene Energie. Alle «begnadeten» Medien und Weißlicht-Mystiker wenden mit ihren Augenbinden und verschlossenen Umschlägen reine Bühnenmagie an - wenn auch teilweise ohne scheinheilige «spirituelle» Untertöne.

Ein kleines Kind lernt, daß etwas eintrifft, wenn man es sich nur lange genug wünscht. Dies ist sehr bedeutungsvoll. Wünschen bedeutet Begehren, während Beten mit Besorgnis verbunden ist. Die «Heilige Schrift» verkehrte Begehren in Lust, Habsucht und Gier. Sei wie ein Kind, und unterdrücke dein

Begehren nicht, sonst geht dir der erste Bestandteil für das magische Arbeiten verloren. Lasse dich in Versuchung führen und nimm dir, was dich versucht, wann immer du kannst!

B. Zeitpunkt

Einer der wichtigsten Bestandteile in erfolgreichen Situationen ist der richtige Zeitpunkt. Bei einem Ritual kann der Zeitpunkt sogar noch größeren Erfolg oder Mißerfolg bedeuten. Die beste Zeit, um einen Zauberspruch oder Fluch auszusenden, ist, wenn sich dein Zielobjekt im aufnahmefähigsten Zustand befindet. Die Aufnahmefähigkeit für den Willen des Magiers ist dann am größten, wenn der Empfänger so passiv wie möglich ist. Es mag jemand einen noch so starken Willen haben, wenn er schläft, ist auch er passiv. Darum ist der günstigste Zeitpunkt, deine magische Energie auszusenden, wenn er oder sie schläft.

Es gibt bestimmte Schlafphasen, die besser als andere geeignet sind für die Empfänglichkeit von äußeren Einflüssen. Wer von der täglichen Arbeit erschöpft ist, «schläft wie ein Murmeltier», bis sein Geist und Körper ausgeruht sind. Diese Tiefschlafphase dauert vier bis sechs Stunden, danach beginnt die Phase des «Traumschlafes», die zwei bis drei Stunden andauert oder bis zum Erwachen. In diesem «Traumschlaf» ist der Geist am empfänglichsten für äußere oder unbewußte Einflüsse.

Nehmen wir an, der Magier will jemanden verfluchen, der üblicherweise um 23 Uhr schlafen geht und um 7 Uhr aufsteht. Dann ist die effektivste Zeit für ein Ritual um ca. 5 Uhr morgens bzw. zwei Stunden bevor der Empfänger aufwacht.

Voraussetzung ist, daß der Magier in Höchstform sein muß, da er bei dem Ritual der «sendende» Faktor ist. Hexen und Zauberer sind traditionell Nachtmenschen, was verständlich ist. Einen besseren Zeitplan gibt es nicht, um ahnungslosen Schläfern seine Gedanken zu senden! Wenn die Menschen wüßten, welche Gedanken ihnen im Schlaf eingeimpft werden! Der Traumzustand ist die Geburtsstätte künftiger Geschehnisse. Große Gedanken offenbaren sich beim Erwachen und der Geist, der sich an diese Gedanken in bewußtem Zustand erinnert, kann Großes leisten. Wer jedoch von unbewußten Gedanken geleitet wird, gerät in Situationen, die später als «Schicksal», «Gottes Wille» oder Unfall interpretiert werden!

Es gibt noch andere Zeiten im täglichen Leben eines Menschen, die ihn aufnahmefähig für den Willen des Zauberers machen. Tagträume, Langeweile, oder wenn die Zeit nicht vergehen will, sind günstige Momente der Beeinflussung.

Wenn eine Frau das Ziel deines Zaubers ist, solltest du die Bedeutung des Menstruationszyklus nicht außer acht lassen. Wenn der Mann nicht träge geworden wäre durch seine einengende evolutionäre Entwicklung, wüßte er, so wie es ein Vierbeiner weiß, wann das Weibchen am meisten auf Sex Lust hat. Die Nase des Mannes ist normalerweise nicht so ausgestattet, daß sie solche verräterischen erotischen Düfte aufspüren kann. Selbst wenn er mit solchen Fähigkeiten ausgestattet ist, das Objekt seiner Begierde wird versuchen, «den Geruch loszuwerden» durch große Mengen Parfüm, um diese «peinlichen» Ausdünstungen zu überdecken und zu unterdrücken, oder die Entdeckung völlig zu verhindern durch den Einsatz starker Deodorants.

Trotz dieser entmutigenden Tatsachen ist der Mann motiviert, einen Annäherungsversuch zu wagen, da er unbewußt die Veränderung in der Chemie des Körpers der Frau bemerkt. Dies erfolgt durch einen sensorischen Anhaltspunkt, und zwar durch den Geruchssinn. Man sollte in der Entwicklung des Menschen bis zu seinem tierischen Ursprung zurückgehen und könnte dann diese Kräfte viel bewußter einsetzen, aber für die Zartbesaiteten hätte dies vielleicht einen Beigeschmack der Lykanthropie. Es gibt jedoch einen einfacheren Weg, und zwar den, die Daten und Häufigkeit des Menstruationszyklus der begehrten Frau herauszubekommen. Unmittelbar vor und nach der Periode ist die Frau normalerweise am stärksten sexuell zugänglich. Darum sind für den Magier die Schlafphasen während dieser Tage am geeignetsten zum Einflößen sexueller Gedanken oder Motivationen.

Hexen und Zauberinnen haben einen viel größeren Zeitraum zur Verfügung beim Aussenden eines Liebeszaubers auf die Männer ihrer Wahl. Weil der Sexualtrieb des Manns konstanter ist als bei Frauen, (obwohl es viele Frauen gibt, die eine gleich starken oder stärkeren Sexualtrieb haben), ist der auf den Tag genaue Zeitpunkt nicht so wichtig. Jeder Mann, der nicht völlig ausgetrocknet ist, ist ein geeignetes Opfer für die geschickte Hexe. In der Zeit nach der Frühjahrs-Tagundnachtgleiche hat der Mann die stärkste sexuelle Energie und verhält sich entsprechend. Allerdings muß die Hexe auch von ihrer Magie stärker Gebrauch machen, da seine Augen umherschweifen.

Sollte der Ängstliche fragen: «Gibt es denn keinen Schutz gegen solche Hexerei? lautet die Antwort «Ja, es gibt einen Schutz. Du darfst nie schlafen oder tagträumen, niemals schwache Gedanken haben, und dein Verstand darf nie aufnahmebereit sein. Dann bist du vor den Kräften der Magie sicher!»

C. Imagination

Der Jüngling, der sorgfältig ein Herz mit seinen Initialen und denen seiner Liebsten in einen Baum ritzt, der kleine Junge, der stundenlang seine Vorstellungen schöner Autos zeichnet, das kleine Mädchen, das eine abgegriffene, zerkratzte Puppe in den Armen wiegt und denkt, das sei ihr Baby - diese fähigen Hexen und Hexer, diese natürlichen Magier, nutzen den magischen Bestandteil, der als Imagination bekannt ist, und von dem der Erfolg eines jeden Rituals abhängt.

Kinder wissen nicht, bzw. es ist ihnen egal, ob sie künstlerisch begabt sind oder andere kreative Talente haben, wenn sie ihre eigene Imaginationskraft bei der Verfolgung ihrer Ziele einsetzen, wogegen die «zivilisierten» Erwachsenen ihren kreativen Bemühungen viel kritischer gegenüberstehen. Aus diesem Grund kann ein «primitiver» Magier eine Puppe aus Lehm oder eine grobe Zeichnung erfolgreich bei seiner magischen Arbeit einsetzen. Für ihn ist das Bild genau so, wie er es braucht.

Alles, was die Emotionen während eines Rituals verstärkt, vergrößert seinen Erfolg. Gegenstände wie Zeichnungen, Gemälde, Skulpturen, Schriften, Photos, Kleidungsstücke, Düfte, Geräusche, Musik, Bühnenbilder oder geschilderte Situationen, die in die Zeremonie integriert werden, sind dem Zauberer dienlich.

Die Imagination ist eine ständige Gedächtnishilfe, ein Mittel zur Aktivierung des Intellekts, ein geeigneter Ersatz für das eigentliche Objekt. Die Imagination kann nach dem Willen des Magiers manipuliert, aufgebaut, verändert und kreiert werden, und diese imaginatorisch geschaffene Kopie führt zur Veränderung der Realität.

Wenn du sexuelle Freuden mit der Person deiner Wahl genießen möchtest, dann mußt du die gewünschte Situation als integralen Bestandteil der Zeremonie auf Papier, Leinwand oder schriftlich darstellen, und zwar so übertrieben wie möglich.

Wenn du materielle Wünsche hast, mußt du dir Abbildungen von ihnen ansehen - umgebe dich mit den dazugehörigen Gerüchen und Geräuschen - erschaffe einen Magneten, der die Situationen oder Dinge anziehst, die du dir wünschst!

Um die Vernichtung deiner Feinde zu erreichen, mußt du sie vertretungsweise auslöschen! Sie müssen auf die überzeugendste Weise erschossen, erstochen, krankgemacht, verbrannt, zerschmettert, ersäuft oder zerrissen werden! Es ist durchaus verständlich, warum die Frommen des Pfades zur Rechten solche «Götzenbilder» ablehnen. Die Imagination, die der Zauberer als gut funktionierendes Mittel zur Erzielung materieller Realitäten einsetzt, steht im völligen Gegensatz zu esoterischer Spiritualität.

Ein griechischer Magier begehrte einst eine Frau, die seine Wünsche erfüllen sollte. Er war so von dem Gegenstand seiner Träume besessen, daß er daran ging, eine solch wunderbares Wesen zu schaffen. Als er mit seiner Arbeit fertig war, verliebte er sich dermaßen tief und unwiderruflich in die von ihm geschaffene Frau, daß sie für ihn nicht länger aus Stein sondern aus sterblichem Fleisch, lebendig und warm war; und so erhielt der Magus, Pygmalion, die größte aller magischen Erfüllungen, denn die schöne Galatea wurde die seine.

D. Zielrichtung

Einer der am häufigsten übersehenen Bestandteile magischer Arbeit ist die Bündelung und anschließende Lenkung der Kraft in eine bestimmte Richtung, um ein Ziel wirkungsvoll zu erreichen.

Meist führen die Möchtegern-Hexen und Hexer ein Ritual durch und warten dann anschließend ängstlich auf das erste Anzeichen des Erfolgs ihrer Arbeit. Sie könnten genau so gut aus Sorge in die Knie gehen und beten, denn ihr Übereifer reduziert ihre Erfolgschancen auf Null. Außerdem sind Zweifel angebracht, ob mit dieser Einstellung überhaupt genügend konzentrierte Energie aufgebracht werden kann, um ein Ritual erfolgreich durchzuführen

Wer sich ständig beklagt über die Situation, die herbeigeführt werden soll, und auf ihr herumreitet, schwächt garantiert nur seine zielgerichtete Kraft , die dann spärlicher fließt und versickert. Wenn der Wunsch erst einmal stark genug geworden ist, um die Kräfte der Magie einsetzen zu können, muß alles unternommen werden, diesem Wunsch symbolisch Ausdruck zu verleihen - ***während der Durchführung des Rituals*** - NICHT vorher oder nachher!

Der Zweck eines Rituals besteht darin, den Magier von Gedanken zu befreien, die ihn unnötig stören würden, wenn er sich dauernd damit befaßt. Ewiges Nachdenken, Tagträume und andauerndes Pläneschmieden verbraucht die emotionale Energie, die sonst zu einer dynamisch einsetzbaren Kraft gebündelt werden könnte; abgesehen davon, daß auch die ganz alltägliche Leistungsfähigkeit durch solche verzehrenden Ängste stark eingeschränkt wird.

Die Hexe, die ihre Zaubersprüche aussendet und zwischendurch endlos auf den Telephonanruf ihres zukünftigen Freundes wartet; der mittellose Magier, der die Segnungen Satans beschwört und dann wie auf heißen Kohlen auf das Eintreffen des Schecks wartet; der Mann, dem Unrecht angetan wurde, und der, nachdem er seinen Feind verflucht hat, enttäuscht mit langem Gesicht und gerunzelter Stirn davontrottet - das sind alles typische Beispiele fehlgeleiteter emotionaler Energie.

Kein Wunder, daß sich die «Weißmagier» vor Vergeltung fürchten, wenn sie einen «bösen» Zauberspruch aussenden! Die Vergeltung, die den schuldgeplagten Absender trifft, hat er seinem schlechten Gewissen zu verdanken!

E. Verhältnismäßigkeit

In der rituellen Magie ist die Verhältnismäßigkeit ein Bestandteil, der bei sexualmagischen und Mitleidsritualen stärker beachtet werden muß als bei dem Aussenden von Flüchen. Sie ist ein kleiner aber äußerst wichtiger Bestandteil.

Das völlige Verstehen und Beachten dieses Faktors ist eine Fähigkeit, die nur wenige Hexen und Zauberer jemals erlernen. Es geht einfach darum, die Persönlichkeit und die Situation genau zu kennen, bei der du deine Magie am einfachsten und erfolgreichsten einsetzen kannst. Die eigenen Grenzen einschätzen zu können ist zugegebenermaßen eine etwas seltsame Art der Selbstbeobachtung für jemanden, der in der Lage sein sollte, das Unmögliche zu erreichen; aber in vielen Situationen entscheidet diese Selbsteinschätzung über Gelingen oder Versagen.

Wenn du bei dem Bemühen, deine Ziele mit höherer und niederer Magie zu erreichen, ständig scheiterst und versagst, dann denke mal darüber nach: Bist du das Opfer deines fehlgeleiteten, ehrgeizigen Ego, das dich dazu gebracht hat, etwas zu versuchen, was absolut keine Chancen auf Erfolg hat? Bist du ein talentloser, unmusikalischer Mensch, der versucht, durch Magie zum berühmten Sänger zu werden, obwohl er keinen Ton trifft? Bist du eine schlichte, glanzlose Hexe mit großen Füßen, langer Nase und überdimensionalem Ego sowie stark ausgeprägter Akne und sendest Liebeszauber aus, um einen hübschen jungen Filmstar zu erobern? Bist du ein fetter, unförmiger, geiler Kerl mit vorstehenden Zähnen, der sich eine knackige junge Stripperin als Geliebte suchen möchte? Wenn dies der Fall ist, solltest du besser lernen, den Faktor der Verhältnismäßigkeit anzuwenden, oder du wirst andauernd versagen!

Es ist nicht einfach, seine Wünsche mit seinen Fähigkeiten in Einklang zu bringen, und viele Menschen begreifen nicht, daß «ein halber Laib Brot besser sein *kann* als keiner», wenn sie nicht das Maximum erreichen. Der chronische Verlierer weist die Chance, 50.000 Dollar zu erhalten, mit einem höhnischen Lächeln zurück, weil er nicht in der Lage ist, eine Million Dollar zu machen.

Eine der stärksten Waffen des Magiers ist die, sich selbst zu erkennen; seine Talente, Fähigkeiten, physischen Stärken und Schwächen usw., und wann, wo und *mit wem* er Gebrauch davon macht. Der Mensch, der nichts zu bieten hat und sich mit großartigen Ratschlägen und dem Versprechen von Reichtum an einen Erfolgsmenschen wendet, ähnelt dem Floh, der versucht am

Bein des Elefanten hochzuklettern, um ihn zu vergewaltigen!

Die aufstrebende Hexe, die sich vormacht, daß ein Werk auch bei magischer Unverhältnismäßigkeit *immer* gelingt, wenn man nur intensiv genug arbeitet, vergißt eine wichtige Regel:

MAGIE IST WIE DIE NATUR, UND MAGISCHER ERFOLG SETZT EIN ARBEITEN IN HARMONIE MIT DER NATUR, **NICHT GEGEN SIE**, VORAUS.

DAS SATANISCHE RITUAL

A. WAS VOR BEGINN EINES SATANISCHEN RITUALS BEACHTET WERDEN MUß:

1. Die Person, die das Ritual zelebriert, soll während der gesamten Dauer des Rituals auf den Altar und das Symbol des Baphomet blicken, außer wenn andere Positionen ausdrücklich angegeben sind.

2. Der Altar sollte sich möglichst vor der nach Westen zeigenden Wand befinden.

3. Bei Ritualen, die nur von einer Person zelebriert werden, entfällt die Rolle des Priesters. Sind mehrere Personen an der Zeremonie beteiligt, muß eine von ihnen als Priester fungieren. Bei einem Ritual mit nur einer Person führt diese die Anweisungen aus, die für den Priester gegeben werden.

4. Jedesmal wenn die Worte «SHEMHAMFORASH» und «HEIL SATAN» von der Person gesprochen werden, die als Priester fungiert, wiederholen die anderen Teilnehmer diese Worte. Der Gong wird geschlagen, wenn die Teilnehmer «HEIL SATAN» wiederholt haben.

5. Gespräche (außer im Zusammenhang mit der Zeremonie) und Rauchen sind, nachdem die Glocke zu Beginn geläutet wurde und bis sie am Ende des Rituals wieder erklungen ist, verboten.

6. Das Buch Belial beinhaltet die Prinzipien der satanischen Magie und Rituale. Bevor du versuchst, die Rituale im Buch Leviathan anzuwenden, mußt du unbedingt *das ganze Buch Belial lesen und verstehen.* Erst wenn du dies getan hast, kann ein Erfolg bei den dreizehn nachstehenden Schritten erwartet werden.

B. DIE DREIZEHN SCHRITTE

(Genaue Anweisungen siehe unter «Gegenstände, die beim satanischen Ritual verwendet werden», auf den Seiten 134-140).

1. Lege die Kleidung für das Ritual an.

2. Stelle die Gegenstände für das Ritual bereit; zünde die Kerzen an und dunkle alle äußeren Lichtquellen ab; plaziere die Manuskripte wie angegeben rechts und links auf dem Altar.

3. Wird eine Frau als Altar eingesetzt, soll sie jetzt ihre Position einnehmen - Kopf nach Süden, Füße nach Norden.

4. Reinigen der Luft durch Schlagen der Glocke.

5. «Anrufung Satans» und die darauf folgenden «Infernalische Namen» (siehe Buch Leviathan) werden jetzt laut vom Priester gelesen. Die Teilnehmer wiederholen jeden der infernalischen Namen, nachdem der Priester ihn gesprochen hat.

6. Trinke vom Kelch.

7. Der Priester dreht sich gegen den Uhrzeigersinn und zeigt mit dem Schwert in die vier Himmelsrichtungen, wobei er die jeweiligen Fürsten der Hölle anruft: Satan aus dem Süden, Luzifer aus dem Osten, Belial aus dem Norden und Leviathan aus dem Westen.

8. Segne mit dem Phallus (falls einer eingesetzt wird).

9. Der Priester liest laut die geeignete Anrufung für die jeweilige Zeremonie vor: Lust, Mitleid oder Zerstörung (siehe Buch Leviathan).

10. Bei einem persönlichen Rituals ist dieser Schritt sehr wichtig. Alleinsein ist besonders geeignet zum Offenbaren der geheimsten Wünsche, und du solltest nicht versuchen, etwas «zurückzuhalten» bei der Darstellung, beim Formulieren oder Durchspielen der Vorstellungen, die deine Wünsche verkörpern. In dieser Phase wird dein «Entwurf» skizziert, eingepackt und an den Empfänger deines Werkes geschickt.

(A)

Wie du jemanden zu lustvollen Dingen veranlaßst
oder eine sexuell befriedigende Situation herbeiführst.

Verlasse den Platz vor dem Altar und begebe dich dorthin, wo du das vorgesehene Ritual am effektivsten weiterführen kannst, entweder im gleichen Raum oder in einem anderen. Dann gestalte eine Darstellung, die so genau wie möglich der Situation gleichen soll, die du anstrebst. Du hast bekanntlich fünf Sinne zum Wahrnehmen, darum solltest du dich nicht auf einen Sinn beschränken. Hier sind geeignete Mittel, die einzeln oder kombiniert eingesetzt werden können:

a) Graphische Darstellungen wie Zeichnungen, Gemälde etc.

b) Schriftliche Schilderungen wie Geschichten, Stücke, Beschreibung der Wünsche und des Resultats

c) Stelle deine Wünsche als Bühnenbild oder kleines Theaterstück dar; spiele dich entweder selbst oder die Rolle des Objektes deiner Begierde und benutze jegliche Hilfsmittel, die sich zur Stärkung der Imagination eignen.

d) Alle Gerüche, die mit der gewünschten Person oder Situation in Verbindung stehen.

e) Alle Klänge oder Hintergrundgeräusche, die einer starken Imagination dienen.

Intensive sexuelle Gefühle sollen diesen Schritt des Rituals begleiten, und wenn die Vorstellungskraft groß genug ist, soll ein möglichst heftiger Orgasmus der Höhepunkt dieses Schrittes sein. Dieser Höhepunkt soll durch Masturbation oder andere auto-erotische Handlungen herbeigeführt werden. Nach dem Orgasmus kehre zum Altar zurück und fahre fort mit Schritt 11, Seite 134.

(B)

Wie du Hilfe oder Erfolg für jemanden erreichst, der deine Sympathie oder dein Mitgefühl hat (einschließlich dir selbst).

Bleibe in der Nähe des Altars und stelle dir die Person, der du helfen willst, so realistisch wie möglich vor (bzw. intensiviere dein Selbstmitleid), und drücke deinen Wunsch mit deinen eigenen Worten aus. Wenn deine Gefühle aufrichtig sind, wirst du Tränen vergießen. Lasse sie ungehindert fließen. Nach dieser Übung in Rührseligkeit fahre fort mit Schritt 11, Seite 134.

(C)

Wie du die Vernichtung eines Feindes hervorrufst

Bleibe im Bereich des Altars, außer in dem Fall, daß die Imagination anderweitig leichter erreicht werden kann, z.B. durch die Nähe des Opfers, das du vernichten willst. Während du dir das Opfer vorstellst, arbeite mit den von dir ausgesuchten Mitteln an seiner Zerstörung. Dies kann folgendermaßen aussehen:

a) Steche Nadeln und Nägel in eine Puppe, die dein Opfer darstellt; die Puppe kann aus Tuch, Wachs, Holz, pflanzlichen Stoffen etc. sein.

b) Anfertigung einer Grafik, die die Zerstörung deines Opfers schildert: Zeichnungen, Gemälde etc.

c) Eine lebhafte schriftliche Darstellung des Endes deines Opfers.

d) Ein detaillierter Monolog, gerichtet an das Opfer, in dem du seine Folterung und Vernichtung schilderst.

e) Die stellvertretende Darstellung von Verstümmelung, Verletzung, Hervorrufung von Schmerz oder Krankheit durch den Einsatz anderer gewünschter Maßnahmen oder Gegenstände.

Intensiver, geplanter Haß und Verachtung sollen diesen Schritt der Zeremonie begleiten, und dieser Schritt sollte erst beendet werden, wenn der

Energieverbrauch den Magier in einen Zustand allgemeiner Erschöpfung versetzt hat. Ist diese Erschöpfung eingetreten, fahre mit Schritt 11 fort.

11.(a) Falls Gesuche geschrieben wurden, sollen sie jetzt vom Priester laut gelesen und danach in der Flamme der entsprechenden Kerze verbrannt werden. Nach jedem Gesuch soll «Shemhamforash» und «Heil Satan» gesprochen werden.

11.(b) Bei mündlichen Gesuchen sollen die Teilnehmer diese nacheinander dem Priester vortragen. Er wiederholt die Gesuche dann mit seinen eigenen Worten (die für ihn emotional am geeignetsten sind). Nach jedem Gesuch soll «Shemhamforash» und «Heil Satan» gesprochen werden.

12. Der entsprechende Henochische Schlüssel wird jetzt vom Priester gelesen, als Treuebeweis der Teilnehmer an die Kräfte der Finsternis.

13. Läuten der Glocke zur Entweihung; dann werden die Worte «Es ist vollbracht» vom Priester gesprochen.

ENDE DES RITUALS

C. GEGENSTÄNDE, DIE BEI EINEM SATANISCHEN RITUAL VERWENDET WERDEN

KLEIDUNG

Von den männlichen Teilnehmern werden schwarze Roben getragen. Die Roben können Kapuzen haben, um, falls gewünscht, das Gesicht verhüllen. Der Grund für die Verhüllung des Gesichtes ist, daß der Teilnehmer ungehemmter seine Gefühle ausdrücken kann. Es verringert auch die Ablenkung der Teilnehmer untereinander. Weibliche Teilnehmerinnen tragen aufreizende Gewänder, ältere Frauen schwarze Kleidung. Amulette mit dem Sigill des Baphomet oder das traditionelle Pentagramm Satans werden von allen Teilnehmern getragen.

Die Roben werden von den Männern angelegt, bevor sie den Ritualraum betreten, und während des gesamten Rituals getragen. Männer können auch komplett schwarze Kleidung anstatt schwarzer Roben tragen.

Schwarz wurde für die Kleidung im Ritualraum ausgewählt, weil es die Kräfte der Finsternis symbolisiert. Aufreizende Kleider werden von den Frauen getragen, um die männlichen Teilnehmer zu erregen, und den Ausstoß von Adrenalin oder bioelektrischer Energie zu verstärken, wodurch intensiver gearbeitet werden kann.

ALTAR

Die ältesten Altare der Menschen waren aus lebendigem Fleisch und Blut; und die natürlichen Instinkte und Vorlieben waren die Grundlage seiner Religion. Spätere Religionen, die die Neigungen der Menschen als Sünde bezeichneten, verfälschten seine lebenden Altare zu Steintafeln und Metallklumpen.

Der Satanismus ist mehr eine Religion des Fleisches als des Geistes, darum wird ein Altar aus Fleisch für die satanischen Zeremonien verwendet.

Der Zweck eines Altars ist es, während der gesamten Zeremonie die Aufmerksamkeit auf sich zu lenken. Eine nackte Frau wird als Altar für ein satanisches Rituals eingesetzt, weil die Frau das natürliche passive Gefäß ist und die Mutter Erde repräsentiert.

Bei einigen Ritualen kann eine nackte Frau als Altar unzweckmäßig sein, so daß sie bekleidet oder halb verdeckt werden sollte. Wenn eine Frau das Ritual allein durchführt, ist keine Frau als Altar nötig. Wenn keine Frau als Altar dient, kann die Fläche, auf der sie sonst liegt, zum Plazieren anderer Ritualgegenstände genutzt werden. Für Gruppenrituale mit vielen Teilnehmern kann ein trapezoider Altar von 3 - 4 Fuß Höhe und 5½ bis 6 Fuß Länge gebaut werden, auf dem die nackte Frau liegen soll. Falls dies zu unpraktisch ist oder bei privaten Zeremonien kann eine erhöhte Fläche benutzt werden. Wenn eine Frau als Altar dient, werden die anderen Gegenstände auf einen Tisch in Reichweite des Priesters gestellt.

SYMBOL DES BAPHOMET

Das Symbol des Baphomet wurde von den Tempelrittern verwendet, um Satan darzustellen. Im Laufe der Zeit wurde dieses Symbol mit vielen verschiedenen Namen bezeichnet. Darunter sind: Der Bock von Mendez, die Ziege mit den tausend Jungen, der schwarze Bock, der Judas Bock und wohl am zutreffendsten, der Sündenbock.

Der Baphomet repräsentiert die Kräfte der Finsternis, kombiniert mit der Fruchtbarkeit des Bocks von Mendez. In seiner «reinen» Form zeigt das Pentagramm die Figur eines Menschen, der von den fünf Spitzen eines Stern umfaßt wird - drei zeigen nach oben, zwei zeigen nach unten, wodurch das Wesen des Menschen symbolisiert wird. Im Satanismus wird das Pentagramm auch verwendet, aber da der Satanismus die fleischlichen Triebe des Menschen bzw. das Gegenteil der geistigen Wesensart repräsentiert, wurde das Pentagramm umgedreht, wodurch es sich perfekt dem Kopf des Bocks anzupaßt - seine Hörner, die die Dualität verkörpern, zeigen herausfordernd nach oben; die anderen drei Spitzen sind invers und verneinen die Dreifaltigkeit. Die hebräischen Zeichen im äußeren Kreis rings um das Symbol stammen aus den magischen Texten der Kabbala und bedeuten

«Leviathan», die Schlange des wässerigen Abyssos, was mit Satan gleichgesetzt wird. Diese Zeichen stehen jeweils über den fünf Spitzen des Pentagramms.

Das Symbol des Baphomet wird an der Wand über dem Altar angebracht.

KERZEN

Die Kerzen, die bei einem satanischen Ritual verwendet werden, repräsentieren das Licht Luzifers - den Lichtträger, die Erleuchtung, die lebende Flamme, brennendes Verlangen und die Flammen der Hölle.

Für ein satanisches Ritual sollen nur schwarze und weiße Kerzen benutzt werden. Nimm niemals mehr als eine weiße Kerze, aber so viele schwarze Kerzen wie notwendig sind, um den Ritualraum zu erhellen. Mindestens eine schwarze Kerze wird links auf den Altar gestellt. Sie repräsentiert die Kräfte der Finsternis und den Pfad zur Linken. Weitere schwarze Kerzen werden da aufgestellt, wo sie zur Beleuchtung benötigt werden. Eine weiße Kerze wird rechts auf den Altar gestellt und repräsentiert die Heuchelei der «Weißlichtmagier» und der Anhänger des Pfades zur Rechten.

Schwarze Kerzen werden für die Macht und den Erfolg der Teilnehmer des Rituals verwendet und zum Verbrennen der Pergamente mit den Gesuchen der Teilnehmer. Die weiße Kerze wird zur Vernichtung von Feinden eingesetzt. Pergamente, auf denen Flüche stehen, werden in der Flamme der weißen Kerze verbrannt.

GLOCKE

Der grelle Klang der Glocke zeigt Beginn und Ende des Rituals an. Der Priester läutet die Glocke neunmal, dreht sich dabei gegen den Uhrzeigersinn und lenkt den Klang in die vier Himmelsrichtungen. Dies geschieht einmal bei Beginn des Rituals, um die Luft von allen äußeren Geräuschen zu reinigen, und einmal zum Schluß des Rituals, um seine Wirkung zu verstärken, und mit dem Zeichen der Entweihung das Ende anzuzeigen.
Die Glocke sollte laut und eindringlich sein und nicht leise klingeln.

KELCH

Bei einem satanischen Ritual bedeutet symbolisiert der Kelch den Kelch der Extase. Der Kelch sollte möglichst aus Silber sein, aber wenn kein Silberkelch verfügbar ist, kann auch einer aus anderem Metall, Glas oder Ton benutzt werden - *alles* außer Gold. Gold wird immer mit Weißlichtmagiern und dem Himmelreich in Verbindung gebracht.

Zuerst trinkt der Priester aus dem Kelch, dann sein Assistent. Bei privaten Ritualen leert derjenige, der die Zeremonie durchführt, den Kelch

ELIXIER

Die stimulierende Flüssigkeit, das Lebenselixier, das die Heiden tranken, wurde von den Christen zum heiligen Meßwein verfälscht. Ursprünglich wurde der Alkohol in heidnischen Ritualen zur Entspannung getrunken, und um die Emotionen der Teilnehmer der Zeremonie zu vertiefen. Der Satanismus opfert seinen Gott nicht, wie das andere Religionen tun. Der Satanist praktiziert keine solche Form des symbolischen Kannibalismus, sondern führt den von den Christen verwendeten Meßwein wieder seinem ursprünglichen Zweck zu - der Stimulierung der für ein satanisches Ritual notwendigen Gefühle. Es muß nicht Wein sein - jedes anregende Getränk, das den Gaumen kitzelt, ist geeignet.

Das Lebenselixier wird aus dem Kelch der Ekstase, wie oben beschrieben, unmittelbar nach der Anrufung Satans getrunken.

SCHWERT

Das Schwert der Macht symbolisiert aggressive Kraft und dient als Verlängerung und Verstärkung des Armes, mit dem der Priester Gesten macht und in die vier Himmelsrichtungen zeigt. Es ist eine Parallele zu dem Zauberstab bei anderen magischen Ritualen.

Das Schwert wird vom Priester gehalten. Während der Anrufung Satans zeigt er damit auf das Symbol des Baphomet. Es wird außerdem, wie in den 11

Schritten des Rituals beschrieben, bei der Anrufung der vier Fürsten der Hölle eingesetzt. Der Priester durchsticht mit dem Schwert die Pergamente mit den Gesuchen, wenn diese vorgetragen wurden, und hält sie über die Flamme zum Verbrennen. Beim Anhören der Gesuche und beim Wiederholen berührt der Priester mit dem Schwert die Köpfe der Teilnehmer (in traditioneller «Ritter-Manier»).

Wenn bei einem privaten Ritual kein Schwert verfügbar ist, kann auch ein langes Messer oder ein Stock verwendet werden.

PHALLUS

Der Phallus ist ein heidnisches Fruchtbarkeitssymbol, das Zeugung, Manneskraft und Aggression bedeutet. Dies ist ein weiterer Gegenstand, der blasphemisch verfälscht wurde, um ihn den schuldgeplagten Zeremonien der Christenheit anzupassen . Der Phallus ist eine ehrliche Version des Aspergills oder «Weihwasserwedels» der katholischen Kirche - welch eine Metamorphose des gemeinen Penis!

Zur Segnung des Hauses wird der Phallus wird von einem Assistenten des Priesters in beide Hände genommen und systematisch zweimal in die vier Himmelsrichtungen geschüttelt.

Jedes phallische Symbol kann verwendet werden. Ist keines vorhanden, kann es aus Gips, Holz, Ton, Wachs etc. hergestellt werden. Der Phallus ist nur bei Gruppenritualen notwendig.

GONG

Der Gong wird zur Anrufung der Kräfte der Finsternis benutzt. Er wird immer dann einmal geschlagen, wenn die Teilnehmer die Worte des Priesters «Heil Satan» wiederholt haben. Ein Gong ist nur bei organisierten Gruppenritualen notwendig. Wegen des besseren Klangs sollte ein Konzert-Gong verwendet werden, aber wenn keiner verfügbar ist, kann auch jeder andere Gong mit vollem, tragenden Klang genommen werden.

PERGAMENT

Pergament wird wegen seiner organischen Eigenschaften verwendet, die den Elementen der Natur entsprechen. Entsprechend der satanischen Überzeugung wird nur Pergament aus der Haut von Schafen verwendet, die zu Ernährungszwecken geschlachtet wurden. Ein Tier wird *niemals* geschlachtet, um es als Ganzes oder Teile davon bei Ritualen einzusetzen. Wenn derartiges Pergament aus geschlachteten Schafen nicht erhältlich ist, kann auch unliniertes Papier verwendet werden.

Das Pergament ist das Hilfsmittel, um die geschriebenen Botschaften oder Gesuche von der Flamme der Kerze verzehren zu lassen und in den Äther hinauszusenden. Das Gesuch wird auf Pergament oder Papier geschrieben, vom Priester laut vorgelesen und anschließend in der Flamme einer schwarzen oder weißen Kerze verbrannt - je nach Inhalt des Gesuchs. Vor dem Beginn eines Rituals werden die Flüche auf der rechten Seite des Priesters, die Zaubersprüche und Segnungen auf seiner linken Seite plaziert.

(WASSER)

DAS BUCH LEVIATHAN

DIE TOSENDE SEE

Obwohl es von vielen abgestritten wird, kann durch Sprache höchste Ekstase oder rasender Schmerz erzeugt werden. Wenn bei einer magischen Zeremonie alle Sinne eingesetzt werden, dann gehören auch die richtigen Klänge dazu. Es stimmt zwar, daß «Taten lauter sprechen als Worte,» aber Worte sind wie Denkmäler der Gedanken.

Der größte spürbare Nachteil der schriftlichen magischen Beschwörungen der Vergangenheit ist wahrscheinlich die fehlende Emotion, die sonst beim Vortragen eintritt. Ein alter Magier, den der Autor persönlich kannte, führte einmal eine von ihm selbst verfaßte Anrufung durch, die für ihn wegen seiner magischen Wünsche von großer persönlicher Bedeutung war, und es fielen ihm ausgerechnet in dem Moment keine passenden Worte ein, als das Ritual kurz vor seiner erfolgreichen Beendigung stand. Da ihm klar war, daß er seinen Gefühlsfluß aufrechterhalten mußte, zitierte er die erstbesten emotionserzeugenden Worte, die ihm einfielen - ein paar Strophen aus einem Gedicht von Rudyard Kipling! Auf diese Weise konnte er mit dem letzten heftigen Adrenalinausstoß sein Werk erfolgreich beenden!

Die nachfolgenden Anrufungen sind Verkündungen der Gewißheit und keine winselnden Bitten. Aus diesem Grund enthalten sie auch keine leeren Versprechungen und wertlose Almosen. Leviathan, der große Drachen des Wäßrigen Abyssos, brüllt auf wie die tosende See, und diese Anrufungen sind sein Tribunal.

DIE ANRUFUNG SATANS

In Nomine Dei Nostri Satanas Luciferi excelsi!

In Namen Satans, dem Herrscher der Erde, dem König der Welt; befehle ich den Kräften der Finsternis, mir ihre infernalische Macht zu verleihen!

Öffnet die Tore der Hölle und kommt heraus vom Abyssos, um mich als euren Bruder (Schwester) und Freund zu begrüßen!

Gewährt mir die Freuden, von denen ich spreche!

Ich habe deinen Namen als einen Teil von mir selbst angenommen! Ich lebe wie die Tiere der Wildnis und erfreue mich am fleischlichen Leben! Ich schätze die Gerechten und verfluche die Vermoderten! Bei allen Göttern der Hölle befehle ich, daß alle Dinge, von denen ich spreche, eintreffen werden!

Kommt hervor und antwortet auf eure Namen, indem ihr meine Wünsche erfüllt!

SO HÖRET DIE NAMEN:

DIE HÖLLISCHEN NAMEN*:

Abbadon
Adramelech
Ahpuch
Ahriman
Amon
Apollyn
Asmodeus
Astaroth
Azazel
Baalberith
Balaam
Baphomet
Bast
Beelzebub
Behemoth
Beherit
BilÈ
Nija
O-Yama
Pan
Pluto
Prosperine
Pwcca
Rimmon
Sabazios
Sammael
Chemosch
Cimeries
Coyote
Dagon
Damballa
Demogorgon
Diabolus
Dracula
Emma-O
Euronymous
Fenriz
Gorgo
Haborym
Hecate
Ishtar
Kali
Lilith
Samnu
Sedit
Sekhmet
Set
Shaitan
Shamad
Shiva
Supay
T` an-mo
Loki
Mammon
Mania
Mantus
Marduk
Mastema
Melek Taus
Mephistopheles
Metztli
Milctian
Midgard
Milcom
Moloch
Mormo
Naamah
Nergal
Nihasa
Tschort
Tezcatlipoca
Thamuz
Thoth
Tunrida
Typhon
Yaotzi
Yen-lo-Wang

---

*Die Höllischen Namen werden hier nur der Einfachheit halber alphabetisch aufgeführt. Bei ihrer Anrufung können entweder alle genannt werden oder eine bestimmte Anzahl wird ausgesucht, die für das jeweilige Werk am bedeutendsten sind. Unabhängig davon, ob alle oder nur einige der Namen angerufen werden, müssen sie aus der obigen strengen Form herausgenommen und zu einer klanglich gefälligen Reihenfolge neu geordnet werden.

BESCHWÖRUNG DER LUST

Komme hervor, du große Brut des Abyssos, und offenbare dich. Meine Gedanken sind auf den leuchtenden Gipfel gerichtet, der vor Lust erstrahlt und leidenschaftlich wächst in den Momenten der Erfüllung!

Sendet aus den Boten der wollüstigen Freuden, und laßt die obszönen Vorstellungen meiner finsteren Wünsche Wirklichkeit werden in Werk und Tat!

Vom sechsten Turm Satans soll ein Zeichen kommen, das den Körper, den ich begehre, anrührt!

Ich habe meine Symbole bereitgelegt und fertige Sinnbilder des Kommenden an. Und die von mir geschaffene Vorstellung lauert auf ihre Erlösung wie ein wutschnaubender Basilisk.

Die Vision soll Wirklichkeit werden, und durch mein Opfer sollen die Winkel der ersten Dimension zur Grundlage der dritten werden!

Gehet hinaus in die Leere der Nacht (ans Tageslicht) und durchdringt den Geist, auf daß er mit Gedanken antworte, die auf den Pfad der leidenschaftlichen Hingabe führen!

(Als Mann:)

Ich habe meine Rute ausgeworfen! Die alles durchdringende Kraft meines Giftes soll den Widerstand des Geistes, der keine Lust verspürt, erschüttern; und die Dämpfe sollen sich in dem schwankenden Hirn ausbreiten und es lähmen, auf daß es mir zu Willen sei! Im Namen des großen Gottes Pan, mögen meine geheimen Gedanken sich verwirklichen in den Regungen des Körpers, den ich begehre!

Shemhamforash! Heil Satan!

(Als Frau:)

Meine Lenden sind entflammt! Der Nektar, der aus meiner sehnsuchtsvollen Spalte tropft, soll den schlummernden Verstand befruchten, und der Geist, der keine Lust empfindet, soll wie rasend werden vor unwiderstehlichem Begehren! Und wenn meine mächtige Kraft verbraucht ist, werden sich neue Wege auftun; und das Fleisch, das ich begehre, wird zu mir kommen. Möge sich meine Lust erfüllen im Namen der großen Hure Babylon, im Namen von Lilith und Hecate!

Shemhamforash! Heil Satan!

BESCHWÖRUNG DER VERNICHTUNG

Sehet her! Die mächtige Stimme meiner Rache zerschmettert die Stille der Luft und steht wie ein Monolith des Zorns auf einer Ebene sich windender Schlangen!

Ich bin zu einer monströsen Maschine geworden, die die fauligen Körperteile desjenigen (derjenigen), der (die) mich behindern wollte, vernichtet!

Es reut mich nicht, daß meine Anrufungen durch meine Verbitterung angestachelt sind; und große, schwarze, schleimige Gestalten sollen aus brackigen Gruben hervorkommen und sich in sein (ihr) unterentwickeltes Hirn erbrechen!

Ich rufe die Schicksalsboten an, auf daß sie das Opfer, das ich ausgewählt habe, mit grimmiger Freude zerschmettern!

Lautlos ist der stumme Vogel, der sich vom Hirn desjenigen (derjenigen) ernährt, der (die) mich gequält hat; und seine (ihre) Agonie soll sich in Schmerzensschreien manifestieren, als Warnung an diejenigen, die mir mein Dasein neiden!

Oh, kommt hervor im Namen von Abaddon, und zerstört ihn (sie), dessen (deren) Namen ich euch als Zeichen gebe!

Oh, große Brüder der Nacht, ihr, die ihr mir Trost spendet, die ihr auf den heißen Winden der Hölle reitet und in der Stätte des Teufels wohnt; kommt hervor und zeigt euch! Erscheint demjenigen (derjenigen), dessen modriges Hirn das Schandmaul steuert, das sich über die Gerechten und Starken mokiert! Zerreiße diese schnatternde Zunge und verschließe seine (ihre) Kehle, oh Kali! Durchbohre seine (ihre) Lunge mit den Stacheln von Skorpionen, oh Sekhmet! Schleudere ihn (sie) ins trostlose Nichts, oh mächtiger Dagon!

Ich erhebe das Banner der Hölle und auf seinen Widerhaken prächtig aufgespießt ruht das Opfer meiner Rache!

Shemhamforash! Heil Satan!

BESCHWÖRUNG DES MITLEIDS

Getrieben von der Wut des Schmerzes und dem Zorn des Unterdrückten, erhebe ich meine Stimme wie Donnergrollen, auf das ihr mich höret!

Oh, ihr großen Bewohner der Finsternis, ihr Hüter des Weges, ihr Günstlinge der Macht von Thoth! Kommt hervor und zeigt euch! Erscheint uns in eurer gütigen Macht, zugunsten von demjenigen, der glaubt und der Qualen erleidet.

Nehmt ihn auf in das Bollwerk eures Schutzes, da er keinen Schmerz verdient hat und auch keinen begehrt.

Laßt das, was gegen ihn vorgeht, kraftlos und gegenstandslos werden.

Unterstützt ihn durch Feuer und Wasser, Erde und Luft, auf daß er wiedererhalte, was er verloren hat!

Stärkt mit Feuer das Rückgrat unseres Freundes und Kameraden, unseres Gefährten des Pfades zur Linken.

Gebt ihm durch die Macht Satans die Freude am Leben zurück.

Laßt seine Lebenssäfte ungehindert fließen, auf daß er diesen Nektar des Fleisches in Zukunft auskosten kann!

Vernichtet seinen Widersacher körperlich und materiell, auf daß er freudig und gestärkt aus dieser quälenden Situation hervorgehe.

Laßt kein Unglück seinen Weg kreuzen, da er einer der Unseren ist und deshalb behütet werden soll.

Gebt ihm die Kraft zurück, die Freude und die ewige Herrschaft über die Schicksalsschläge, die ihn heimgesucht haben.

Verleiht ihm das äußere und innere unbändige Strahlen, das sein Emporsteigen aus dem lähmenden Morast, der ihn umgibt, ankündigt!

Dies gebieten wir im Namen Satans, dessen Fürsorge groß ist und uns Nahrung gibt!

Wie Satan soll auch herrschen, dessen Name lautet: (Name). Er ist das Gefäß, dessen Fleisch wie die Erde ist; Ewiges Leben, Welt ohne Ende!

Shemhamforash! Heil Satan!

DIE HENOCHISCHEN SCHLÜSSEL

DIE HENOCHISCHE SPRACHE UND DIE HENOCHISCHEN SCHLÜSSEL

Die magische Sprache, die bei satanischen Ritualen benutzt wird, ist Henochisch, eine Sprache, die vermutlich älter ist als das Sanskrit und eine zweckmäßige Grammatik und Synthax besitzt. Sie ähnelt vom Klang her teilweise dem Arabischen, manchmal aber auch dem Hebräischen und Lateinischen. Sie erschien erstmals gedruckt im Jahre 1659 in einer Biographie von John Dee, dem berühmten Seher und Hofastrologen des sechzehnten Jahrhunderts. Dieses Werk von Meric Casaubon beschreibt die Beschäftigung John Dee's und seines Assistenten Edward Kelly mit der Kunst des Kristallsehens.

Anstelle der üblichen Kristallkugel benutzte Edward Kelly, der als Kristallseher fungierte, einen trapezoiden Kristall mit vielen Facetten. Die «Engel», die durch den Kristall erreicht werden, und die in der ersten Veröffentlichung Kelly's erwähnt sind, sind nur deshalb «Engel» weil Okkultisten bis heute an metaphysischer Verklemmung leiden. Jetzt wird es kristallklar, die «Engel» sind «Winkel» (Angel - Engel; Angle - Winkel; Anm. d. Übers.), und die Fenster zur Vierten Dimension werden aufgestoßen - bzw. für die Furchtsamen das Tor zur Hölle.

Meine Übersetzung der nachfolgenden Rufe ist eine archaische, aber satanisch korrekte, ungeschminkte Wiedergabe der Übersetzung, die vom Orden der Goldenen Dämmerung Ende des neunzehnten Jahrhunderts verwendet wurde. Im Henochischen führt die Kombination der Bedeutung der Wörter und ihrer akustischen Eigenschaften zu einem Klangmuster, das in der Atmosphäre zu gewaltigen Reaktionen führen kann. Der barbarische Toncharakter dieser Sprache verleiht ihr einen wahrhaft magischen Effekt, der unbeschreiblich ist.

Viele Jahre lang waren die Henochischen Schlüssel oder Rufe von Heimlichtuerei umgeben. Die wenigen Schriften, die existierten, haben den wahren Wortlaut völlig entstellt, da die korrekte Übersetzung mit Umschreibungen verschleiert wurde, und nur dazu gedacht war, den unfähigen Magier und/oder Möchtegern-Inquisitor irrezuleiten. So unecht und zweifelhaft sie dadurch auch geworden sind (und wer kann schon sagen, welche schreckliche Realität die «Phantasie» hervorbringt), sind die Henochischen Rufe doch der Lobgesang des satanischen Glaubens. Befreit von einst pragmatischen, beschönigenden Begriffen wie «heilig» und «engelsgleich», sowie von willkürlich zusammengestellten Zahlengruppen, die nur als Ersatz für «blasphemische» Worte dienen sollten, folgen jetzt die wahren Henochischen Rufe, erhalten aus unbekannter Hand.*

---

*Die unbereinigte Version, übersetzt von Anton LaVey.

DER ERSTE SCHLÜSSEL

Der erste Henochische Schlüssel stellt eine einleitende Verkündung Satans dar, in der er die Einführung der Gesetze weltlicher Theologien und der bleibenden Kräfte beschreibt, die denjenigen innenwohnen, die mutig genug sind, irdische Ursprünge und Tatsachen anzuerkennen.

DER ERSTE SCHLÜSSEL
(Henochisch)

Ol sonuf vaoresaji, gohu IAD Balata, elanusaha caelazod: sobrazod-ol Roray i ta nazodapesad, Giraa ta maelpereji, das hoel-qo qaa notahoa zodimezod, od comemahe ta nobeloha zodien; soba tahil ginonupe pereje aladi, das vaurebes obolehe giresam. Casarem ohorela caba Pire: das zodonurenusagi cab: erem Iadanahe. Pilahe farezodem zodenurezoda adana gono Iadapiel das home-tohe: soba ipame lu ipamis: das sobolo vepe zodomeda poamal, od bogira aai ta piape Piamoel od Vaoan! Zodacare, eca, od zodameranu! odo cicale Qaa; zodoreje, lape zodiredo Noco Mada, hoathahe Saitan!

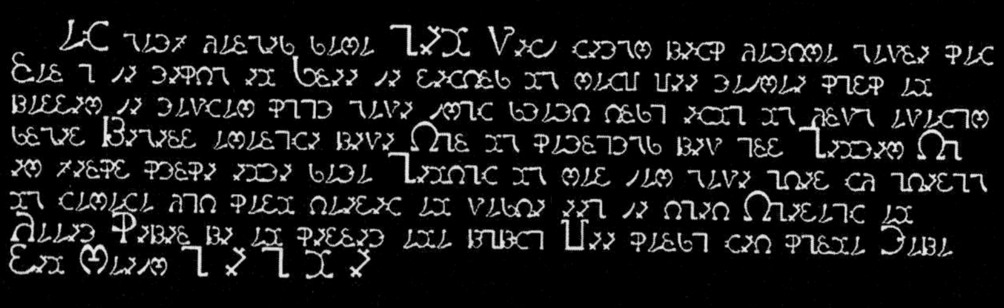

DER ERSTE SCHLÜSSEL
(Deutsch)

Ich herrsche über euch, sagt der Herr der Erde, in Macht erhoben Oben und Unten, in dessen Händen die Sonne ein glitzerndes Schwert ist und der Mond ein alles durchdringendes Feuer, der eure Hüllen inmitten meiner Gewänder mißt und euch zusammenschnürt als Handflächen meiner Hände, und eure Gewänder mit höllischen Licht erhellt.

Ich schuf euch ein Gesetz, um die Heiligen zu regieren und brachte euch einen Stab mit höchstem Wissen. Ihr erhobt eure Stimmen und schwort eure Verbundenheit mit Ihm, der lebt und triumphiert, dessen Beginn nicht ist und auch das Ende kann nicht sein; der wie eine Flamme inmitten Eurer Paläste leuchtet und regiert zwischen euch als das Gleichgewicht des Lebens.

Kommt also hervor und zeigt euch! Öffnet die Mysterien eurer Schöpfung! Seid freundlich zu mir, denn ich bin wie ihr! - Der wahrhafte Anbeter des höchsten und unbeschreiblichen Königs der Hölle!

DER ZWEITE SCHLÜSSEL

Eine Hommage an die Lüste, die das Fortbestehen des Lebens sichern. Der Zweite Henochische Schlüssel erweitert diese Anerkennntnis unseres irdischen Erbes zu einem Talisman der Macht

DER ZWEITE SCHLÜSSEL
(Henochisch)

Adagita vau-pa-ahe zodonugonu fa-a-ipe salada! Vi-i-vau el! Sobame ial-pereji i-zoda-zodazod pi-adapehe casarema aberameji ta ta-labo paracaleda qo-ta lores-el-qo turebesa ooge balatohe! Giui cahisa lusada oreri od micalapape cahisa bia ozodonugonu! lape noanu tarofe coresa tage o-quo maninu IA-I-DON. Torezodu! gohe-el, zodacare eca ca-no-quoda! zodameranu micalazodo od oza-dazodame vaurelar; lape zodir IOIAD!

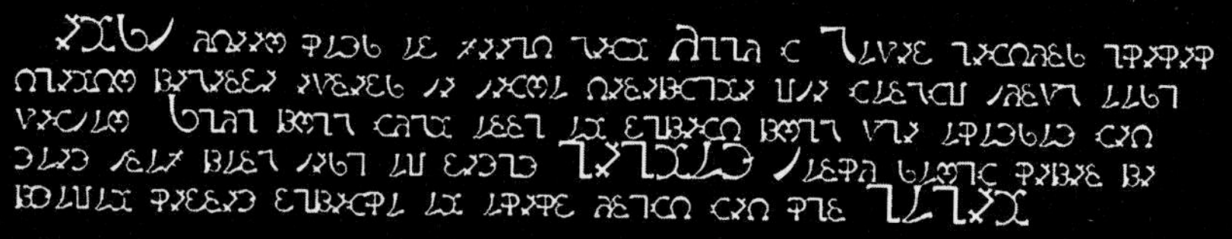

DER ZWEITE SCHLÜSSEL
(Deutsch)

Können die Schwingen des Windes eure Stimmen des Wunders hören? Oh ihr! Große Brut der Würmer auf Erden, die ihr vom Höllenfeuer in der Tiefe meines Schlundes geformt werdet! Ich habe Euch als Kelche für eine Hochzeit oder als Blumenschmuck für die Kammern der Lust bereitet!

Eure Füße sind stärker als der kahle Stein! Eure Stimmen sind mächtiger als die mannigfaltigen Winde! Denn ihr seid zu einem Bauwerk geworden, wie es keines gibt, außer im Geist der allmächtigen Erscheinung Satans!

Erhebt euch, sagt der Erste! Begebt euch also zu seinen Dienern! Zeigt euch in Kraft und macht mich zu einem starken Seher, denn ich stamme von Ihm, der ewig lebt!

DER DRITTE SCHLÜSSEL

Der dritte Henochische Schlüssel legt die Führung der Erde in die Hände jener großen satanischen Magier, die zu allen Zeiten über die Völker der Welt herrschten.

DER DRITTE SCHLÜSSEL
(Henochisch)

Micama! goho Pe-IAD! zodir com-selahe azodien biabe os-lon-dohe. Norezodacahisa otahila Gigipahe; vaunud-el-cahisa ta-pu-ime qo-mos-pelehe telocahe; qui-i-inu toltoregi cahisa i cahisaji em ozodien: dasata beregida od torezodul! Ili e-Ol balazodareji, od aala tahilanu-os netaabe: daluga vaomes-areji elonusa cape-mi-ali varoesa cala homila; cocasabe fafenu izodizodope, od miinoagi de ginetaabe: vaunu na-na-e-el: panupire malapireji caosaji. Pilada noanu vaunalahe balata od-vaoan. Do-o-i-ape mada:_ goholore, gohus, amiranu! Micama! Yehusozod ca-ca-com, od do-o-a-inu noari micaolazoda a-ai-om. Casarameji gohia: Zodacare! Vaunigilaji! od im-ua-mar pugo pelapeli Ananael Qo-a-an.

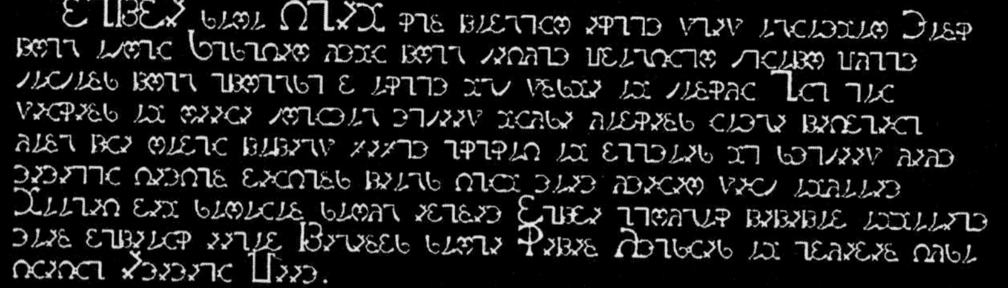

DER DRITTE SCHLÜSSEL
(Deutsch)

Höret, sagt Satan, ich bin ein Kreis, auf dessen Händen die Zwölf Königreiche stehen. Sechs sind die Sitze des lebendigen Atems, die restlichen sind wie scharfe Sicheln oder die Hörner des Todes. Darin sind und sind nicht alle Geschöpfe der Erde, außer in meinen eigenen Händen, die schlafen und auferstehen werden!

In dem ersten machte ich euch zu Verwaltern und erhob euch auf die zwölf Sitze der Regierung. Ich gab jedem von euch aufeinanderfolgend die Macht über die neun wahren Zeitalter, auf daß ihr von den höchsten Gefäßen und Ecken Eurer Regierungen meine Macht ausüben möget, die Feuer des Lebens und des Wachstums unablässig auf der Erde ausschüttend. So seid ihr zum Schoß von Gerechtigkeit und Wahrheit geworden. Im Namen Satans, erhebet euch! Zeigt Euch! Habet acht! Seine Gnaden gedeihen und sein Name ist unter uns mächtig geworden, in welchem wir sagen: Kommt hervor! Steigt auf! Und widmet euch uns als den Teilhabern Seiner geheimen Weisheit in eurer Schöpfung!

DER VIERTE SCHLÜSSEL

Der vierte Henochische Schlüssel bezieht sich auf den Wechsel der Zeitalter.

DER VIERTE SCHLÜSSEL
(Henochisch)

Otahil elasadi babaje, od dorepaha gohol: gi-cahisaje auauago coremepe peda, dasonuf vi-vau-di-vau? Casaremi oeli meapeme sobame agi coremepo carep-el: casaremeji caro-o-dazodi cahisa od vaugeji; dasata ca-pi-mali cahisa ca-pi-maon: od elonusahinu cahisa ta el-o calaa. Torezodu nor-quasahi od fe-caosaga: Bagile zodir e-na-IAD: das iod apila! Do-o-a-ipe quo-A-AL, zodacare! Zodameranu obelisonugi resat-el aaf nor-mo-lapi!

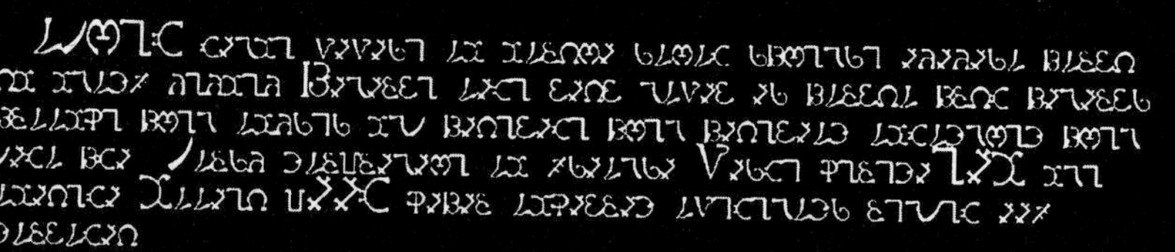

DER VIERTE SCHLÜSSEL
(Deutsch)

Ich habe meine Füße in den Süden gesetzt, mich umgesehen und gesagt: Sind es nicht die Donner des Wachstums, die in dem zweiten Winkel regieren?

Unter ihm habe ich jene eingesetzt, die noch niemand je gezählt hat, außer Einem; in welchem der zweite Beginn der Dinge ist und kräftig wächst, und die Zahlen der Zeitalter aufeinanderfolgend hinzufügt werden, und ihre Kräfte sind wie das erste der neun!

Erhebt euch, ihr Söhne der Freude und besucht die Erde; denn ich bin der Herr, euer Gott, der ist und immer leben wird!

Im Namen Satans, kommt hervor! Und zeigt euch als erfreuliche Boten, auf daß ihr Ihn unter den Söhnen der Menschheit preisen möget.

DER FÜNFTE SCHLÜSSEL

Der fünfte Henochische Schlüssel bestätigt den satanischen Einsatz traditioneller Priester und Hexer auf der Erde zum Zwecke der Irreführung.

DER FÜNFTE SCHLÜSSEL
(Henochisch

Sapahe zodimii du-i-be, od noasa ta qu-a-nis, adarocahe dorepehal caosagi od fanutas peripesol ta-be-liore. Casareme A-me-ipezodi na-zodaretahe afa; od dalugare zodizodope zodelida caosaji tol-toregi; od zod-cahisa esiasacahe El ta-vi-vau; od iao-d tahilada das hubare pe-o-al; soba coremefa cahisa ta Ela Vaulasa od Quo-Co-Casabe. Eca niisa od darebesa quo-a-asa: fetahe-ar-ezodi od beliora: ia-ial eda-nasa cicalesa; bagile Ge-iad I-el!

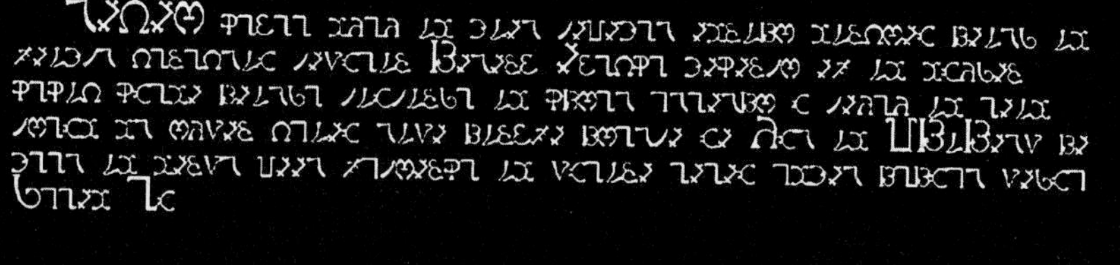

DER FÜNFTE SCHLÜSSEL
(Deutsch)

Die mächtigen Klänge sind in den dritten Winkel eingetreten und zu Sämlingen der Torheit geworden, sie lächeln verächtlich auf die Erde herunter und leben in der Helligkeit des Himmels als beständige Tröster der Zerstörer des Selbst.

An ihnen befestigte ich die Säulen der Freude, die Herren der Gerechten, und gab ihnen Gefäße, um die Erde mit ihren Geschöpfen zu wässern. Sie sind die Brüder des Ersten und des Zweiten und der Anfang ihrer eigenen Sitze, die geschmückt sind mit Myriaden ewiger Lampen, deren Zahlen sind wie das Erste, die Enden und die Inhalte der Zeit!

Also kommt und gehorcht eurer Schöpfung. Besucht uns in Frieden und Trost. Bringt uns Empfänger eurer Mysterien zum Ende. Denn warum? Unser Herr und Meister ist der All-Eine!

DER SECHSTE SCHLÜSSEL

Der sechste henochische Schlüssel bildet die Struktur und die Form dessen, woraus der Orden des Trapezoid und die Church of Satan wurde.

DER SECHSTE SCHLÜSSEL
(Henochisch)

Gahe sa-div cahisa em, micalazoda Pil-zodinu, sobam El haraji mir babalonu od obeloce samevelaji, dalagare malapereji ar-caosaji od acame canale, sobola zodare fa-beliareda caosaji od cahisa aneta-na miame ta Viv od Da. Daresare Sol-petahe-bienu. Be-ri-ta od zodacame ji-mi-calazodo: sob-ha-atahe tarianu luia-he od ecarinu MADA Qu-a-a-on!

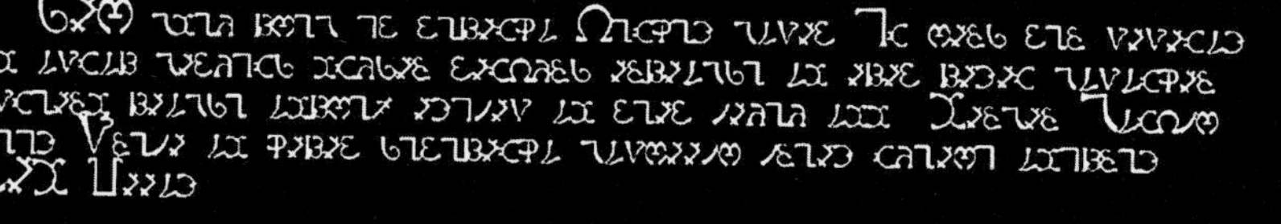

DER SECHSTE SCHLÜSSEL
(Deutsch)

Die Geister des vierten Winkels sind neun, mächtig im Trapezoid, das der erste geformt hat, eine Plage für die Elenden und ein Siegerkranz für die Bösen; sie verleihen ihnen feurige Pfeile zum Aussenden über die Erde, und neun beständige Arbeiter, die auf ihren Wegen die Erde mit Trost besuchen, und sie sind in Herrschaft und Beständigkeit wie das zweite und dritte.

Also hört auf meine Stimme! Ich habe von euch gesprochen und bringe euch an die Macht und in die Gegenwart. Dessen Werke sollen ein Loblied sein und euren Gott in eurer Schöpfung preisen!

DER SIEBTE SCHLÜSSEL

Der siebte Schlüssel wird angewendet, um Lust herbeizurufen, der strahlenden Schönheit zu huldigen, und sich an den Wonnen des Fleisches zu erfreuen.

DER SIEBTE SCHLÜSSEL

(Henochisch)

Ra-asa isalamanu para-di-zoda oe-cari-mi aao iala-pire-gahe Qui-inu. Enai butamonu od inoasa ni pa-ra-diala. Casaremeji ujeare cahirelanu, od zodonace lucifatianu, caresa ta vavale-zodirenu tol-hami. Soba lonudohe od nuame cahisa ta Da o Desa vo-ma-dea od pi-beliare itahila rita od miame ca-ni-quola rita! Zodacare! Zodameranu! Iecarimi Quo-a-dahe od I-mica-ol-zododa aaiome. Bajirele papenore idalugama elonusahi-od umapelifa vau-ge-ji Bijil-IAD!

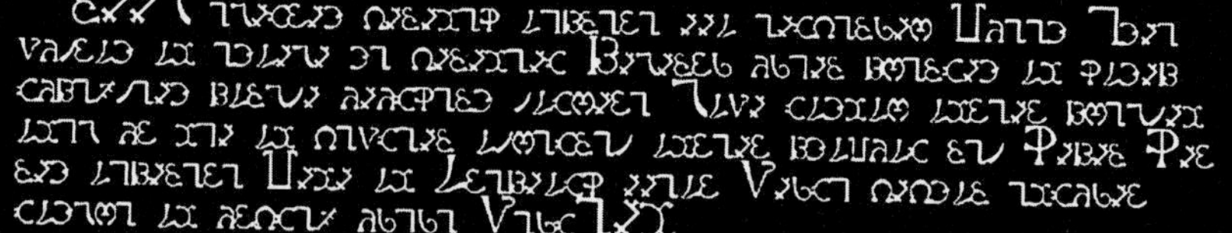

DER SIEBTE SCHLÜSSEL
(Deutsch)

Der Osten ist ein Haus der Freudenmädchen, die ihre Loblieder singen inmitten der Flammen der ersten Herrlichkeit, worin der Dunkle Herr seinen Mund geöffnet hat; und sie werden zu lebendigen Wohnungen, in denen die Kraft der Menschen frohlockt; und sie sind bekleidet mit Ornamenten des Glanzes, der bei allen Lebewesen Wunder wirkt. Dessen Königreiche und Fortbestand sind das dritte und vierte, starke Türme und Orte des Trostes, die Sitze der Freude und Beständigkeit. Oh ihr Diener der Freude, kommt hervor! Zeigt euch! Singet der Erde Loblieder und seid mächtig unter uns. Auf daß diesem Gedenken Macht verliehen werde und unsere Stärke in unserem Tröster kräftig wachse.

DER ACHTE SCHLÜSSEL

Der achte Henochische Schlüssel bezieht sich auf das Erscheinen des satanischen Zeitalters.

DER ACHTE SCHLÜSSEL
(Henochisch)

Bazodemelo i ta pi-ripesonu olanu Na-zodavabebe ox. Casaremeji varanu cahisa vaugeji asa berameji balatoha: goho IAD. Soba miame tarianu ta lolacis Abaivoninu od azodiajiere riore. Irejila cahisa da das pa-aox busada Caosago, das cahisa od ipuranu telocahe cacureji o-isalamahe lonucaho od Vovina carebafe? NIISO! bagile avavago gohon. NIISO! bagile mamao siaionu, od mabezoda IAD oi asa-momare poilape. NIIASA! Zodameranu ciaosi caosago od beliorėsa od coresi ta a beramiji.

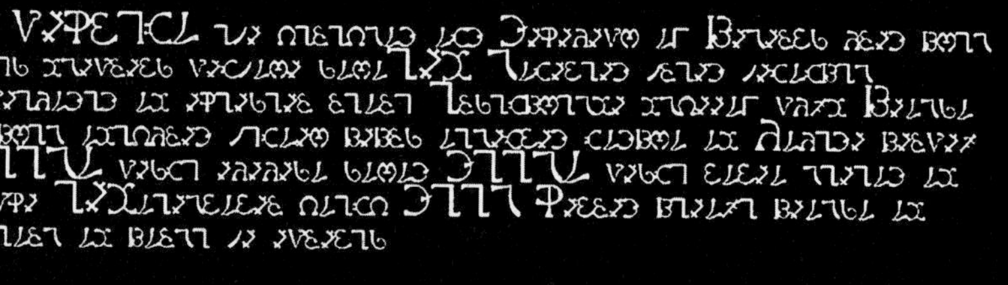

DER ACHTE SCHLÜSSEL
(Deutsch)

Der Mittag des ersten ist die dritte Freude, erbaut aus Hyazinthsäulen, in denen die Älteren stark geworden sind, die ich für meine eigene Gerechtigkeit bereitet habe, sagt Satan, deren lang währende Fortdauer sein soll wie Rundschilde für Leviathan. Wie viele gibt es, die im Ruhm der Erde bleiben, die sind und den Tod nicht sehen, bis das Haus einstürzt und der Drachen versinkt? Freuet euch! Denn die Kronen des Tempels und die Robe von Ihm, der ist, war und gekrönt werden wird, sind nicht länger entzweit! Kommt hervor! Erscheint zum Terror der Erde und zum Trost derjenigen, die bereit sind!

DER NEUNTE SCHLÜSSEL

Der neunte Henochische Schlüssel warnt vor der Verwendung von Substanzen, Mitteln oder Pharmaka, die zu Wahnvorstellungen und somit zur Versklavung des Meisters führen. Ein Schutz gegen falsche Werte.

DER NEUNTE SCHLÜSSEL
(Henochisch)

Micaoli beranusaji perejela napeta ialapore, das barinu efefaje Pe vaunupeho olani od obezoda, soba-ca upaahe cahisa tatanu od tarananu balie, alare busada so-bolunu od cahisa hoel-qo ca-no-quodi cial. Vaunesa aladonu mom caosago ta iasa olalore gianai limelala. Amema cahisa sobra madarida zod cahisa! Ooa moanu cahisa avini darilapi caosajinu: od butamoni pareme zodumebi canilu. Dazodisa etahamezoda cahisa dao, od mireka ozodola cahisa pidiai Colalala. Ul ci ninu a sobame ucime. Bajile? IAD BALATOHE cahirelanu pare! NIISO! od upe ofafafe; bajile a-cocasahe icoresaka a uniji beliore.

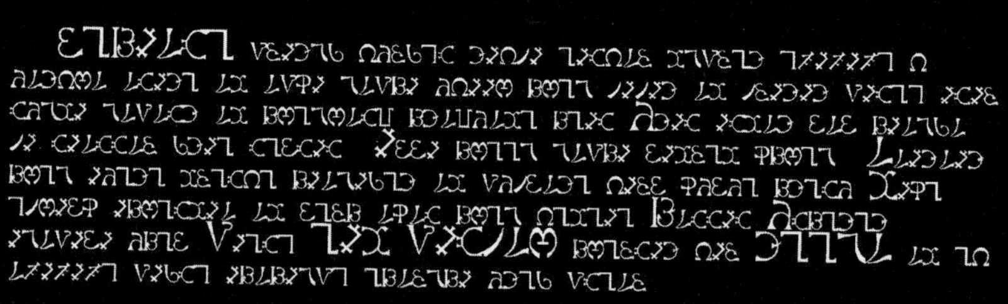

DER NEUNTE SCHLÜSSEL
(Deutsch)

Mächtige Wächter des Feuers mit zweischneidigen flammenden Schwertern (die die Phiolen des Wahns enthalten, dessen Schwingen aus Wermut und dem Mark des Salzes bestehen,) haben ihre Füße in den Westen gesetzt und sind mit ihren Geistlichen gemessen worden. Diese sammeln das Moos der Erde wie der Reiche seine Schätze sammelt. Verflucht seien diejenigen, deren Schandtaten sie sind! In ihren Augen sind Mühlsteine größer als die Erde, und aus ihren Mündern quellen Ströme von Blut. Ihre Hirne sind mit Diamanten bedeckt und auf ihren Köpfen sind Marmorsteine. Glücklich ist derjenige, auf den sie nicht düster herabblicken. Denn warum? Der Herr der Rechtschaffenheit erfreut sich in ihnen! Löst euch und laßt eure Phiolen zurück, denn die Zeit ist so, daß Trost benötigt wird!

ZEHNTE SCHLÜSSEL

Der zehnte Henochische Schlüssel erzeugt rasenden Zorn und bewirkt Gewalt. Seine Anwendung ist gefährlich, wenn man nicht gelernt hat, seine eigene Immunität zu schützen; ein willkürlicher Blitzschlag!

DER ZEHNTE SCHLÜSSEL
(Henochisch)

Coraxo cahisa coremepe, od belanusa Lucala azodiazodore paebe Soba iisononu cahisa uirequo ope copehanu od racalire maasi bajile caosagi; das yalaponu dosiji od basajime; od ox ex dazodisa siatarisa od salaberoxa cynuxire faboanu. Vaunala cahisa conusata das daox cocasa ol Oanio yore vohima ol jizod-yazoda od eoresa cocasaji pelosi molui das pajeipe, laraji same darolanu matorebe cocasaji emena. El pataralaxa yolaci matabe nomiji monousa olora jinayo anujelareda. Ohyo! ohyo! noibe Ohyo! caosagonu! Bajile madarida i zodirope cahiso darisapa! NIISO! caripe ipe nidali!

DER ZEHNTE SCHLÜSSEL
(Deutsch)

Die Donner des Zorns schlummern im Norden in Gestalt einer Eiche, deren Zweige wie dung-gefüllte Nester des Wehklagens und Weinens sind, bereitgelegt für die Erde. Sie brennen Tag und Nacht und spucken die Köpfe von Skorpionen aus und leben wie Schwefel vermischt mit Gift. Dies sind die Donnerschläge, die plötzlich aufbrüllen mit hundert mächtigen Erdbeben und tausendfachen Wogen, die nicht ruhen und keine Zeiten hier kennen. Ein Fels bringt tausend weitere hervor, so wie das Herz des Menschen seine Gedanken hervorbringt. Wehe! Wehe! Ja, wehe der Erde, denn ihre Schande ist, war und wird groß sein. Löst euch von dort! Aber nicht eure mächtigen Klänge!

ELFTE SCHLÜSSEL

Der elfte Henochische Schlüssel wird verwendet, um den kommenden Tod anzukündigen und eine Förderung über das Grab hinaus zu erreichen. Bindet an die Erde. Ein düsterer Ruf.

DER ELFTE SCHLÜSSEL
(Henochisch)

Oxiayala holado, od zodirome O coraxo das zodiladare raasyo. Od vabezodire cameliaxa od bahala: NIISO! salamanu telocahe! Casaremanu hoel-qo, od ti ta zod cahisa soba coremefa i ga. NIISA! bagile aberameji nonuÁape. Zodacare eca od Zodameranu! odo cicale Qaa! Zodoreje, lape zodiredo Noco Mada, hoathahe Saitan!

DER ELFTE SCHÜSSEL
(Deutsch)

Der mächtige Thron grollte und da waren fünf Donner, die in den Osten flohen. Und der Adler sprach und rief mit lauter Stimme: Löst euch von dem Haus des Todes! Und sie versammelten sich und wurden zu denen, von welchen gemessen ist, und sie sind die Unsterblichen, die vom Wirbelwind getrieben werden. Löst Euch! Denn ich habe einen Platz für euch bereitet. Kommt also hervor und zeigt euch! Enthüllt die Mysterien eurer Schöpfung. Seid freundlich zu mir, denn ich bin euer Gott, der wahrhafte Anbeter des ewig lebenden Fleisches!

DER ZWÖLFTE SCHLÜSSEL

Der zwölfte Henochische Schlüssel wird verwendet, um sein Mißfallen auszudrücken über das Bedürfnis der Menschen nach Elend, und um den Vorboten des Jammers Qualen und Konflikte zu bringen.

DER ZWÖLFTE SCHLÜSSEL
(Henochisch)

Nonuci dasonuf Babaje od cahisa ob hubaio tibibipe: alalare ataraahe od ef! Darix fafenu mianu ar Enayo ovof! Soba dooainu aai i VONUPEHE. Zodacare, gohusa, od Zodameranu. Odo cicale Qaa! Zodoreje, lape zodiredo Noco Mada, hoathahe Saitan!

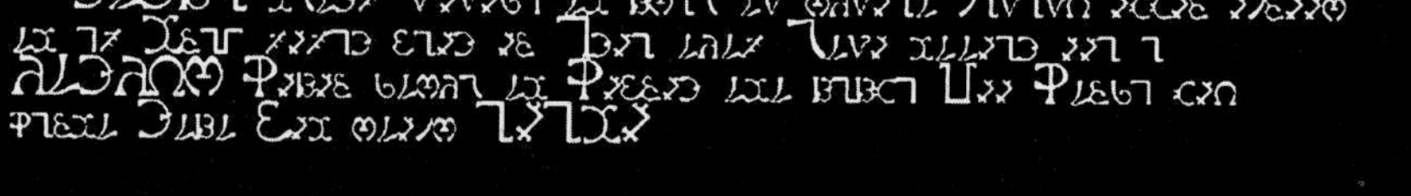

DER ZWÖLFTE SCHLÜSSEL
(Deutsch)

Oh ihr, die ihr im Süden weilt und die Laternen des Kummers seid, legt eure Rüstung an und besucht uns! Bringt die Legionen der Armee der Hölle hervor, auf daß der Herr des Abyssos verherrlicht werde, dessen Name unter euch Zorn ist! Kommt also hervor und zeigt euch! Öffnet die Mysterien eurer Schöpfung! Seid freundlich zu mir, denn ich bin wie ihr! Der wahrhafte Anbeter des höchsten und unbeschreiblichen Königs der Hölle!

DREIZEHNTE SCHLÜSSEL

Der dreizehnte Henochische Schlüssel wird verwendet, um die Sterilen lustvoll zu machen und diejenigen zu kränken, die sexuelle Freuden ablehnen.

DER DREIZEHNTE SCHLÜSSEL
(Henochisch)

Napeai Babajehe das berinu vax ooaona larinuji vonupehe doalime: conisa olalogi oresaha das cahisa afefa. Micama isaro Mada od Lonu-sahi-toxa, das ivaumeda aai Jirosabe. Zodacare od Zodameranu. Odo cicale Qaa! Zodoreje, lape zodiredo Noco Mada, hoathahe Saitan!

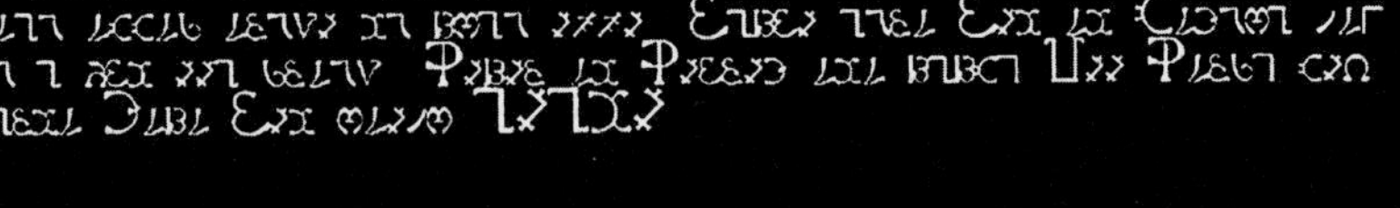

DER DREIZEHNTE SCHLÜSSEL
(Deutsch)

Oh ihr Schwerter des Südens, die ihr Augen habt, den Zorn der Sünde aufzuwühlen, die ihr die Menschen, die leer sind, trunken macht; höret auf das Versprechen Satans und seine Kraft, die von euch ein bitterer Stachel genannt wird! Kommt hervor und zeigt euch! Enthüllt die Mysterien eurer Schöpfung! Denn ich bin der Diener desselben eures Gottes, der wahre Anbeter des höchsten und unbeschreiblichen Königs der Hölle!

VIERZEHNTE SCHLÜSSEL

Der vierzehnte Henochische Schlüssel ist ein Ruf nach Rache und der Ausdruck der Gerechtigkeit.

DER VIERZEHNTE SCHLÜSSEL
(Henochisch)

Noroni bajihie pasahasa Oiada! das tarinuta mireca ol tahila dodasa tolahame caosago homida: das berinu orocahe quare: Micama! Bial! Oiad; aisaro toxa das ivame aai Balatima. Zodacare od Zodameranu! Od cicale Qaa! Zodoreje, lape zodiredo Noco Mada, hoathahe Saitan!

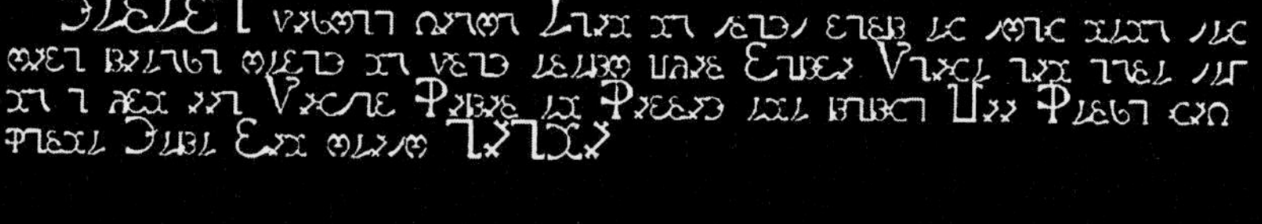

DER VIERZEHNTE SCHLÜSSEL
(Deutsch)

Oh ihr Söhne und Töchter mit vermoderten Hirnen, die über die Ungerechtigkeiten, die mir zugefügt wurden, richtet - höret die Stimme Satans! Das Versprechen von Ihm, der unter euch Ankläger und höchster Tribun genannt wird! Kommt also hervor und zeigt euch! Öffnet die Mysterien eurer Schöpfung! Seid freundlich zu mir, denn ich bin wie ihr! Der wahrhafte Anbeter des höchsten und unbeschreiblichen Königs der Hölle!

DER FÜNFZEHNTE SCHLÜSSEL

Der fünfzehnte Henochische Schlüssel ist eine Resolution der Zustimmung und des Verständnisses der Meister, deren Aufgabe es ist, diejenigen, die nach geistigen Göttern suchen, zu leiten.

DER FÜNFZEHNTE SCHLÜSSEL
(Henochisch)

Ilasa! tabaanu li-El pereta, casaremanu upaahi cahisa dareji; das oado caosaji oresacore: das omaxa monasaÁi Baeouibe od emetajisa Iaiadix. Zodacare od Zodameranu! Odo cicale Qaa. Zodoreje, lape zodiredo Noco Mada, hoathahe Saitan!

DER FÜNFZEHNTE SCHLÜSSEL
(Deutsch)

Oh du, Herrscher der ersten Flamme, unter dessen Schwingen die Weber der Spinnennetze sind, die die Erde mit Trockenheit überziehen; der du den großen Namen «Rechtschaffenheit» kennst und das Siegel der falschen Ehre. Komme also hervor und zeige dich! Öffne die Mysterien deiner Schöpfung! Sei freundlich zu mir, denn ich bin wie du! Der wahrhafte Anbeter des höchsten und unbeschreiblichen Königs der Hölle!

DER SECHZEHNTE SCHLÜSSEL

Der sechzehnte Henochische Schlüssel erkennt die wundersamen Kontraste der Erde und die Grundlage dieser Dichotomien an.

DER SECHZEHNTE SCHLÜSSEL
(Henochisch)

Ilasa viviala pereta! Salamanu balata, das acaro odazodi busada, od belioraxa balita: das inusi caosaji lusadanu emoda: das ome od taliobe: darilapa iehe ilasa Mada Zodilodarepe. Zodacare od Zodameranu. Odo cicale Qaa: zodoreje, lape zodiredo Noco Mada, hoathahe Saitan!

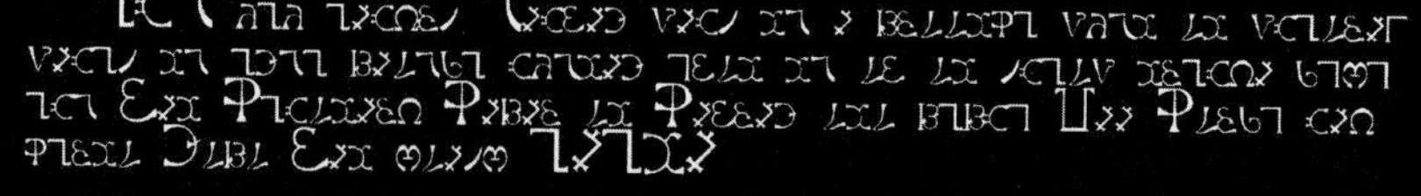

DER SECHZEHNTE SCHLÜSSEL
(Deutsch)

Oh du zweite Flamme, Haus der Gerechtigkeit, die du deine Anfänge in Herrlichkeit hast und die Gerechten trösten wirst; die du auf der Erde wandelst mit Füßen aus Feuer; die du die Lebewesen verstehst und trennst! Du bist groß in dem Gott der Eroberung. Komme also hervor und zeige dich! Öffne die Mysterien deiner Schöpfung! Sei freundlich zu mir, denn ich bin wie du! Der wahrhafte Anbeter des höchsten und unbeschreiblichen Königs der Hölle!

DER SIEBZEHNTE SCHLÜSSEL

Der siebzehnte Henochische Schlüssel wird verwendet, um die Abgestumpften zu erleuchten, und um durch Enthüllung zu zerstören.

DER SIEBZEHNTE SCHLÜSSEL
(Henochisch)

Ilasa dial pereta! soba vaupaahe cahisa nanuba zodixalayo dodasihe od berinuta faxisa hubaro tasataxa yolasa: soba Iad i Vonupehe o Uonupehe: aladonu dax ila od toatare! Zodacare od Zodameranu! Odo cicale Qaa! Zodoreje, lape zodiredo Noco Mada, hoathahe Saitan!

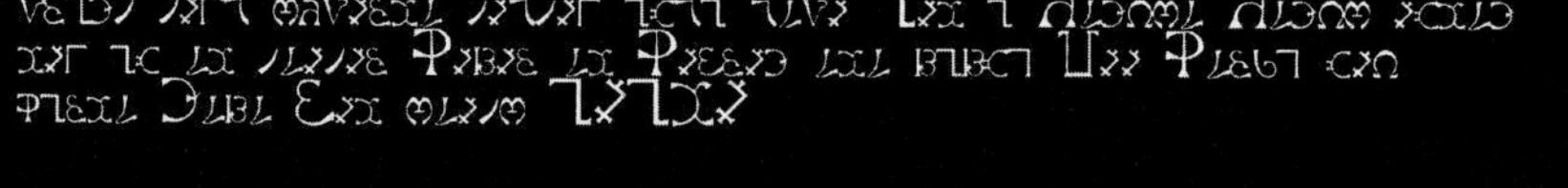

DER SIEBZEHNTE SCHLÜSSEL
(Deutsch)

Oh du dritte Flamme, deren Schwingen Dornen sind, um Kummer zu stiften, und die du Myriaden lebender Lampen hast, die vor dir gehen; deren Gott Zorn in Wut ist - gürte deine Lenden und höre! Komme also hervor und zeige dich! Öffne die Mysterien deiner Schöpfung! Sei freundlich zu mir, denn ich bin wie du! Der wahrhafte Anbeter des höchsten und unbeschreiblichen Königs der Hölle!

DER ACHTZEHNTE SCHLÜSSEL

Der achtzehnte Henochische Schlüssel öffnet die Pforten der Hölle und bringt Luzifer und seine Segnungen hervor.

DER ACHTZEHNTE SCHLÜSSEL
(Henochisch)

Ilasa micalazoda olapireta ialpereji beliore: das odo Busadire Oiad ouoaresa caosago: casaremeji Laiada eranu berinutasa cafafame das ivemeda aqoso adoho Moz, od maof-fasa. Bolape como belioreta pamebeta. Zodacare od Zodameranu! Odo cicale Qaa. Zodoreje, lape zodiredo Noco Mada, hoathahe Saitan!

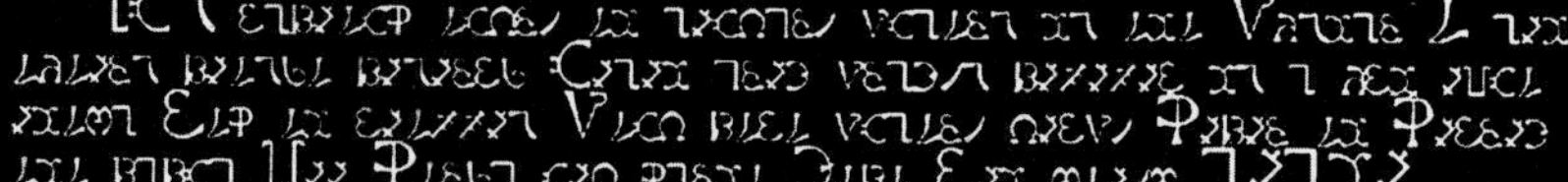

DER ACHTZEHNTE SCHLÜSSEL
(Deutsch)

Oh du mächtiges Licht und brennende Flamme des Trostes, die du den Ruhm Satans dem Mittelpunkt der Erde enthüllst; in dem die großen Geheimnisse der Wahrheit ihren Sitz haben; welche in deinem Königreich «Stärke durch Freude» genannt wird, und unermeßlich ist . Sei du mir ein Fenster des Trostes. Komme also hervor und zeige dich! Öffne die Mysterien deiner Schöpfung! Sei freundlich zu mir, denn ich bin wie du! Der wahrhafte Anbeter des höchsten und unbeschreiblichen Königs der Hölle!

DER NEUNZEHNTE SCHLÜSSEL

Der neunzehnte henochische Schlüssel ist der große Bewahrer des natürlichen Gleichgewichts der Erde, das Gesetz der Wirtschaftlichkeit und des Dschungels. Er entblößt alle Heuchelei, und die Scheinheiligen werden durch ihn wie Sklaven sein. Er bringt die heftigsten Wutausbrüche hervor, die sich über die Elenden ergießen und legt den Grundstein des Erfolgs für denjenigen, der das Leben liebt.

DER NEUNZEHNTE SCHLÜSSEL
(Henochisch)

Madariatza das perifa LIL cahisa micaolazoda saanire caosago od fifisa balzodizodarasa Iaida. Nonuca gohulime: Micama adoianu MADA faoda beliorebe, soba ooaona cahisa luciftias peripesol, das aberaasasa nonucafe netaaibe caosaji od tilabe adapehaheta damepelozoda, tooata nonucafe jimi-calazodoma larasada tofejilo marebe yareyo IDOIGO, od torezodulape yaodafe gohola, Caosaga, tabaoreda saanire, od caharisateosa yorepoila tiobela busadire, tilabe noalanu paida oresaba, od dodaremeni zodayolana. Elazodape tilaba paremeji peripesatza, od ta qurelesata booapisa. Lanibame oucaho sayomepe, od caharisateosa ajitoltorenu, mireca qo tiobela lela. Tonu paomebeda dizodalamo asa pianu, od caharisateosa aji-la-tore-torenu paracahe a sayomepe. Coredazodizoda dodapala od fifalazoda, lasa manada, od faregita bamesa omaosa. Conisabera od auauotza tonuji oresa; catabela noasami tabejesa leuitahemonuji. Vanucahi omepetilabe oresa! Bagile? Moooabe OL coredazodizoda. El capimao itzomatzipe, od cacocasabe gosaa. Bajilenu pii tianuta a babalanuda, od faoregita teloca uo uime.

Madariatza, torezodu!!! Oadariatza orocaha aboaperi! Tabaori periazoda aretabasa! Adarepanu coresata dobitza! Yolacame periazodi arecoazodiore, od quasabe qotinuji! Ripire paaotzata sagacore! Umela od peredazodare cacareji Aoiveae coremepeta! Torezodu! Zodacare od Zodameranu, asapeta sibesi butamona das surezodasa Tia balatanu. Odo cicale Qaa, od Ozodazodama pelapeli IADANAMADA!

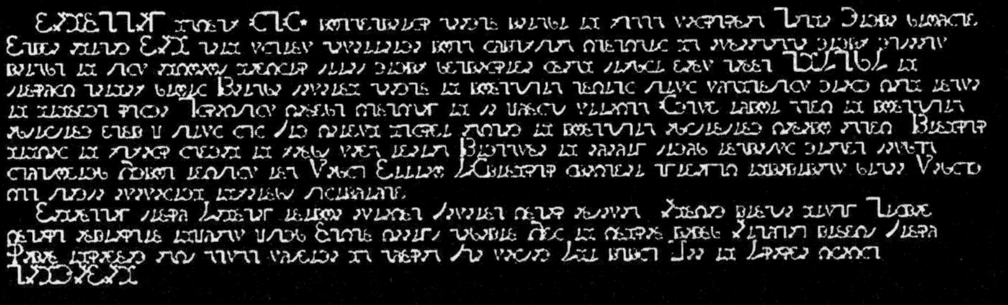

DER NEUNZEHNTE SCHLÜSSEL
(Deutsch)

Oh ihr Freuden, die ihr in dem ersten Äthyr wohnt, ihr seid mächtig in den Teilen der Erde und führt das Urteil des Mächtigen aus. Euch sei gesagt: Sehet das Gesicht Satans, den Anfang des Trostes, dessen Augen das Leuchten der Sterne sind, der euch für die Herrschaft über die Erde und ihre unaussprechliche Vielfältigkeit vorbereitet und mit der Kraft des Verständnisses ausgestattet hat, über alle Dinge nach Seiner Vorsehung zu verfügen, der auf dem höllischen Thron sitzt und sich am Anfang erhob und sagte: Lasset die Erde von ihren Teilen regiert werden; und lasset eine Teilung in ihr sein; ihr Ruhm möge immer trunken und in sich selbst zerquält sein. Lasset sie auf ihrem Weg mit der Erfüllung der Lust laufen; und als Magd lasset sie ihnen dienen. Eine Jahreszeit soll sich mit der anderen vermischen; und kein Lebewesen auf oder in ihr soll ein und dasselbe sein. Alle ihre Zahlen sollen sich in ihren Eigenschaften unterscheiden; und kein Lebewesen soll einem anderen gleichen. Die vernunftbegabten Lebewesen der Erde und die Menschen sollen sich gegenseitig plagen und ausrotten; und die Namen ihrer Wohnstätten sollen vergessen werden. Das Werk des Menschen und sein Pomp sollen verunstaltet werden. Seine Bauwerke sollen Höhlen für die Tiere des Feldes werden! Verwirrt den Verstand der Erde mit Dunkelheit! Denn warum? Es reut mich, den Menschen geschaffen zu haben. Einmal soll sie bekannt sein, ein andermal eine Fremde; denn sie ist das Bett einer Hure und die Wohnstatt von Luzifer dem König.

Öffnet weit die Tore der Hölle. Die niederen Himmel unter euch, laßt sie euch dienen! Regiert diejenigen, die regieren! Werft nieder, was fällt. Fördert diejenigen, die gedeihen und zerstört die Vermoderten. Laßt keinen Ort in einer Zahl bleiben. Rechnet hinzu und zieht ab, bis die Sterne gezählt sind. Erhebt euch! Kommt hervor und erscheint vor dem Bund Seines Mund, den er uns geschworen hat in seiner Gerechtigkeit. Öffnet die Mysterien eurer Schöpfung und macht uns zu Teilhabern der reinen Wahrheit.

YANKEE ROSE